Sebastian Fickert – 14 Wochen Japan

D1873856

Foto: Ingo Herzog

Dr. Sebastian Fickert wurde am 29.04.1976 in Schweinfurt geboren. Nach dem Studium der Rechtswissenschaft an der Universität Würzburg promovierte er auf dem Gebiet des Strafprozessrechts. Seit über fünf Jahren unterrichtet er als juristischer Repetitor Jurastudenten. Anfang 2004 wurde er zum Richter ernannt und arbeitet seitdem am Landgericht Würzburg.

Sebastian Fickert

14 Wochen Japan

Königshausen & Neumann

Bibliografische Information der Deutschen Bibliothek

Die Deutsche Bibliothek verzeichnet diese Publikation in der Deutschen Nationalbibliografie; detaillierte bibliografische Daten sind im Internet über <http://dnb.ddb.de> abrufbar.

© Verlag Königshausen & Neumann GmbH, Würzburg 2005
Gedruckt auf säurefreiem, alterungsbeständigem Papier
Umschlag: Hummel / Lang, Würzburg
Bindung: Buchbinderei Diehl+Co. GmbH, Wiesbaden
Alle Rechte vorbehalten
Dieses Werk, einschließlich aller seiner Teile, ist urheberrechtlich geschützt. Jede Verwertung außerhalb der engen Grenzen des Urheberrechtsgesetzes ist ohne Zustimmung des Verlages unzulässig und strafbar. Das gilt insbesondere für Vervielfältigungen, Übersetzungen, Mikroverfilmungen und die Einspeicherung und Verarbeitung in elektronischen Systemen.
Printed in Germany
ISBN 3-8260-3066-4
www.koenigshausen-neumann.de
www.buchhandel.de

Denen, die den Sommer 2003 in Tokyo verbrachten

„Leben ist das, was passiert,
wenn etwas nicht Vorgestelltes eintritt."
John Lennon

Inhalt

1. Die Anreise

26/06/03
0.02 Uhr MEZ

Eingepfercht in meinem Sitzchen der JAL-Maschine halte ich mit angewinkelten Armen den Kugelschreiber, der mir von der Stewardess zum Ausfüllen meiner embarkation-card lächelnd überreicht wurde.
Mein japanischer Sitznachbar (circa 1,60 m) ist etwa 60 Jahre alt und erschrak wohl angesichts der Größe meines Handgepäcks und meines Körpers. Dennoch gingen er und seine Frau (circa 1,55m) optimistisch davon aus, ich könnte mich an ihnen vorbei zu meinen Fensterplatz zwängen. Mein Grinsen wie mein Kopfschütteln zeigten an: Ohne – unangemessenen – Körperkontakt ist das kaum zu bewerkstelligen. Das erste und wohl nicht letzte Mal, dass Japaner und ich eine Situation unterschiedlich einschätzen. Kurze Zeit später spielt er begeistert mit der Fernbedienung ein Kugelspiel auf dem Bildschirm, der an der Rückseite des Vordersitzes angebracht ist. Seine Landsmänner in der vor uns befindlichen Reihe tun es ihm gleich. Bei dem Spiel liegen vier große Kugeln statisch nebeneinander – eine sich entwickelnde Dynamik ist nicht erkennbar.
Die Stewardess bringt deutsche Zeitungen. Als ich in der Süddeutschen lese, China könne trotz der Erklärung, SARS-frei zu sein, einen neuen Infektionsfall vorweisen, bekommt der japanische Mitreisende hinter mir einen nicht enden wollenden Hustenanfall. Ich blättere weiter in der Süddeutschen, lese in „Tales of the City" über San Francisco und schließlich „warum die Japaner nerven".[1] Mein Nachbar schnarcht mittlerweile, wohl erschöpft vom vielen Spielen, in den lautesten japanischen Tönen.
Meine Schlafversuche gestalten sich schwierig. Vor allem findet sich für meine Arme und Beine keine schlaftaugliche Platzierung; kontinuierlich wandert mir der Gedanke an Thrombose und deren

[1] Originaltitel: „Darum nerven die Japaner" von Christoph Neumann

Ursachen durch den Kopf. Ich nicke ein und wache auf, als das Essen gebracht wird. Nach kurzer Abwägung entscheide ich mich für das japanische Gericht. In einem der Schälchen befinden sich grüne Nudeln, die man mit der daneben liegenden Soße anreichern soll. Wohlwissend gebe ich nur ein paar Tropfen dazu, was sich wegen deren Schärfe als guter Entschluss erweist. Mein Sitznachbar unterbricht daraufhin sein Schmatzen und Schlürfen. Er gibt mir zu erkennen, die Soße sei für die grünen Nudeln bestimmt. Fröhlich grinsend nicke ich und antworte auf Englisch, mir genüge bereits die geringe Menge. Daraufhin mischt sich seine Frau ein. Sie fragt ihren Mann vermutlich, weshalb die Soße noch neben meinen Nudeln stehe. Mit den Fingern gebe ich zu verstehen, bereits eine kleine Menge genommen zu haben. Dazu gestikuliere ich das Zeichen für „höllisch scharf" und kratze zum Beweis auf dem Boden des Schälchens nach Tropfen der roten Soße. Zufrieden machen sie sich wieder ans gemeinsame Schmatzen und Schlürfen.

27/06/2003
15.20 Uhr Japan. Zeit

Nach der Landung teilt die Passkontrolle die Ankömmlinge in zwei Kategorien. Während die Japaner nach fünfminütigem Anstehen passieren können, stehen die Ausländer über eine Stunde in einer Schlange. Nach kurzer Zeit werden die Schalter für Einheimische nicht mehr beansprucht, die Abfertigung der Ausländer hingegen schleppt sich hin bis zum Totalstillstand. Mein Versuch, die vorgegebene Einteilung zu durchbrechen baut auf die Wirkung des Visums, das mir das Auswärtige Amt verschaffte. Dem sich langweilenden Mann am Schalter für Japaner das Dokument vorzeigend lasse ich anklingen, für die Deutsche Botschaft zu arbeiten. Mit freundlichen Worten laviert er um eine klare Aussage („Look, ...now..."), bis ich ihm ins Wort falle: „Foreigners there!" Er lächelt und nickt.

Vor dem Flughafen weisen junge Japaner mit Funkmikrofon lautstark auf die Abfahrtszeiten der Shuttlebusse hin. Ich erwische den richtigen und fahre Richtung Tokyo. Als auf einem Wegweiser (als Untertitel): „Tokio – 50 Km“ steht, findet das in den Reiseführern gezeichnete Bild von der Urbanisierung der gesamten Gegend noch keine Bestätigung. Bewaldung wie Luftfeuchtigkeit erinnern eher an Jamaika. Zehn Kilometer später allerdings beginnt die Bebauung, die in der Folgezeit nicht mehr abreißt; man errät nicht mehr, an welcher Stelle eine Stadt endet und die nächste beginnt. Ob hinter diesem Betonmeer ein planerisches Gesamtkonzept steht, erscheint mir zweifelhaft.
Tokyo erkennt man vor allem daran, dass der Bus steht. Im Rahmen der dreistündigen Stadtrundfahrt sieht man riesige Hotelbauten, die zugleich die Haltestationen des Busshuttles markieren. Am Hyatt angekommen, nimmt sich ein uniformierter Hotelangestellter sogleich meines Gepäcks an und fragt, ob ich einchecken wolle. Um mein gesamtes Monatsbudget nicht in einer Nacht ausschöpfen zu müssen, drücke ich mich um eine eindeutige Antwort, laviere, erzähle etwas von einer „message“ und einem Anruf bei der Deutschen Botschaft. In diesem Zusammenhang ist es von nicht zu unterschätzendem Vorteil, dass man in Japan – laut Reiseführer – keine Trinkgelder zahlt. Ohne weitere Gebühren gestattet man mir einen Anruf bei Herrn Otto, oder Hans, wie er sich kurz darauf vorstellt. In diesem Moment überkommt mich ein Gefühl größter Erleichterung, da sich ein Niederbayer aus Straubing meiner annimmt. Hans ist ein Glücksgriff. Er beschreibt mir die wichtigsten Wege – beziehungsweise läuft sie mit mir ab – und lässt mich für sechs Wochen in seinem Haus wohnen, in dem ich gerade sitze. Das Haus befindet sich in einer der besten Gegenden Japans, ist erstaunlich groß, für japanische Verhältnisse wohl ein Palast, und beherbergt neben Hans noch dessen Frau und zwei Kinder. Meine Gegenleistung besteht lediglich in der Versorgung der Katze „Nessie“, die einen pflegeleichten Eindruck macht. Am ersten Abend esse ich Wiener und – deutsches – Schwarzbrot; dazu kommt noch – bayerisches – Weißbier. Noch kein Kulturschock.

2. Linksverkehr 28/06/2003

Es sticht geradezu ins Auge, dass sich die hiesige Kultur stark von der westlichen unterscheidet. Vielleicht adaptiert man Teile davon, wenn man sich eine Weile in dieser Umgebung aufhält.

Ein deutlicher Unterschied besteht bereits darin, dass hier sehr großer Wert auf das Ausziehen der Schuhe gelegt wird, sobald man die Wohnung betritt. Als ich das erste Mal einen Fuß in das Haus setzte, fiel mir das nicht sofort auf. Wir blieben im Eingangsbereich stehen. Darüber erstaunt blickte ich die Hausherren an, diese zurück, und das vorherrschende Schweigen wurde durch belanglose Sätze immer wieder kurz unterbrochen. Die Höflichkeit, die meinen Gastgebern gebot, den Neuankömmling nicht direkt zum Ausziehen der Schuhe aufzufordern, und das mir fehlende Feingefühl für die hiesigen Sitten zogen die Situation in die Länge, bis ich den Grund für das Verharren der Hausherren zu deren Erleichterung begriff und die Schuhe endlich auszog.

Hatte ich zu Beginn der Reise noch die Befürchtung, angesichts der Bevölkerungsdichte nachts kein Auge schließen zu können, da sicherlich der Lärm von über 16 Millionen Japanern über mich hereinbräche, so erwies sich dies als vollkommen unberechtigt. Es mag wohl auch an der Gegend liegen; jedenfalls war in der ersten Nacht nicht der geringste Laut zu vernehmen. In meiner jetzigen Wohnung in Würzburg habe ich noch keine Nacht verbracht, in der mir bis in die Morgenstunden ein so ruhiger Schlaf vergönnt war wie hier. Auch jetzt am Abend höre ich – den Prozessor ausgenommen – nichts. Teilweise mutet es tagsüber unwirklich an, wenn man durch eine Einkaufsstraße läuft, und es beinahe erschreckend ruhig ist. Die Japaner scheinen sich in erster Linie mit sich zu beschäftigen, und wenn sie Konversation betreiben, dann leise.

Einerseits vermittelt dies dem Fremden das Gefühl der Sicherheit. Auch gibt es nachts in dunkleren Gassen keine Anzeichen von Gefahr. Andererseits findet sich so kein Zugang zu den Einwohnern. Dabei spielt auch die Sprachbarriere eine Rolle. Mittlerweile

habe ich meinen Japanischwortschatz auf sieben Wörter erweitert, was nicht gerade eine lebhafte Kommunikation ermöglicht. Ernüchternd ist aber, dass man auch mit Englisch nicht weiter kommt. Gezielt suchte ich mir heute junge Japaner heraus, um zu fragen, ob diese Straße einen bestimmten Namen habe. Das Resultat war verheerend. Ein Japaner meines Alters schaute so angestrengt, als müsste er mir „Faust" auf Deutsch rezitieren und brachte schließlich ein verzögertes „no" heraus. Wohl das einzige Wort, das ihm auf Englisch einfiel, denn wie ich später merkte, trug die Straße genau den Namen, den ich selbst genannt hatte. Ein ähnliches Szenario spielte sich im „Fitness Center" (so der Name) ab. Ich fragte die junge Dame an der Anmeldung, ob sie Englisch spräche. Sie brachte einen undefinierbaren Laut hervor, wedelte wild mit den Armen und verwies mich an die neben ihr stehende Kollegin. Auf die identische Frage schüttelte diese den Kopf und holte eine weitere Angestellte gleichen Alters. Es erwies sich aber, dass auch sie kein Englisch sprach und die nächste Mitarbeiterin hinzuzog. Von mir nach den Kosten befragt, schaute sie leicht irritiert. Offensichtlich sprach ich ihr zu schnell. Also wiederholte ich meinen Text ganz langsam mit den einfachsten Worten, die mir einfielen. Dies funktionierte – allerdings nicht unbegrenzt. Als ich mich nach den Öffnungszeiten erkundigte, holte sie einen Kollegen (also mittlerweile der fünfte Arbeitnehmer, der sich ständig im Anmeldebereich aufhält), der zu meiner Verblüffung englisch sprach. Vermutlich studiert er Anglistik.
Auf dem Nachhauseweg kam es zu einem Zusammenstoß mit einem Radfahrer, der – wie hier üblich – auf dem Gehweg auf mich zuraste. Er wich entsprechend dem – hier üblichen – Linksverkehr nach links aus. Gleichzeitig machte ich, den kontinentaleuropäischen Rechtsverkehr gewohnt, einen Schritt nach rechts. Er klingelte noch kurz, zog mit dem Vorderreifen noch an mir vorbei, prallte dann aber mit dem Oberkörper gegen mich. Unfreiwillig stieg er vom Rad, rappelte sich auf, entschuldigte sich und fuhr weiter.

3. Momentaufnahmen 29/06/03

Der Text für den heutigen Tag könnte ebenso gut unter der Überschrift „U-Bahn Abenteuer“ stehen. Denn mit einem solchen beginnt der Tag. Bereits an meiner Station Kohumbutsu frage ich einen jungen Japaner, der ein schwarzes J.Hendrix-T-Shirt trägt, nach dem richtigen Bahnsteig. Der Anhänger amerikanischer Kultur antwortet – zu meiner großen Verwunderung – auf Englisch und weist mich darauf hin, ich hätte Jiyugaoka (so der Name der nächsten Haltestelle) vollkommen falsch ausgesprochen. Nicht unfreundlich gibt er mir den Rat, bei Erkundigungen hinsichtlich des Weges besser gleich auf den mitgeführten Stadtplan zu deuten. Er steigt in die selbe Bahn, wir führen unser kurzes Gespräch fort. Er fragt mich nach meinem Herkunftsland und was ich hier täte. Ich antworte artig und lobe seine Englischkenntnisse, ohne unerwähnt zu lassen, dass diese in diesem Lande wohl nicht sehr verbreitet seien. Daraufhin läuft er zur Höchstform auf und erklärt, Jiyugaoka heiße übersetzt „freedom hill“.
In Jiyugaoka halte ich Ausschau nach dem nächsten Umsteigebahnhof Naka-Meguro. Zwischen diesen beiden genannten Stationen liegen drei weitere mit Namen wie Gakugei-Daigaku. Verkompliziert wird das Ganze dadurch, dass zwischen Jiyugaoka und Naka-Meguro drei verschiedene S-Bahnen verkehren (Local, Express und Limited Express), die je nach Art entweder an jeder Station, an jeder zweiten oder jeder vierten halten. Dennoch bewerkstellige ich in Naka-Meguro den Ausstieg, um das letzte Mal umzusteigen. In Hiroo angekommen finde ich nach kurzem Umschauen die Deutsche Botschaft: Der erste Teilerfolg des Tages. Neben der Botschaft zwängt sich in das ihn umgebende Straßengewirr ein kleiner Park, in dem unter anderem japanische Väter ihren kleinen Kindern das Angeln beibringen, genauer gesagt die Technik des Auswerfens und das stille Sitzen demonstrieren. Denn ob sie aus dem Tümpel jemals etwas Lebendiges ziehen, erscheint zweifelhaft.

Mein nächstes Ziel ist Shibuya, laut Reiseführer ein „In-Viertel". Man erhält dort das Bild von Tokyo, das man erwartet. Unzählige Japanern laufen auf einem großen Platz durcheinander, an Hochhäusern haften neben Werbetafeln riesige Bildschirme, die Musikvideos, Filmvorschauen und vor allem Werbung zeigen. Laut englischem Reiseführer findet man hier eine starke Konzentration von „cash-loaded young Japanese" vor.
Um mich zu orientieren, frage ich einen jungen Anzug tragenden Japaner mit Hilfe des Stadtplanes nach dem Standort. Der auf Englisch Angesprochene bietet eine verschärfte Variante des alten Spiels: Er blickt hilflos umher, verzweifelt über den Umstand, mir nicht helfen zu können. Anstatt deutlich zu machen, dass er einfach kein Englisch spricht oder sprechen will, fängt er an zu zittern und brabbelt unsicher auf Japanisch. Diesmal mache ich es dem Einheimischen nicht so leicht und gehe nicht weiter. Vielmehr halte ich ihm den Plan mit japanischen Schriftzeichen unter die Nase. Er bekommt Schweißausbrüche, wischt sich über die Stirn, dribbelt hin und her. Jeder weitere, von mir quälend langsam vorgetragene Satz lässt seine Hände zittern, während er sich mit dem Ärmel die Stirn fährt. Schließlich rede ich ihm noch ein „No problem. Thank you very much!" zu, das er zu verstehen scheint. Er entspannt sich wieder. Nach dreimaligem Umkreisen des Platzes finde ich den Weg zum Yoyogi Park.

An dessen Eingang (Station Harajuku) gibt ein junger, blondierter, Gitarre spielender Japaner seine Gesangeskünste zum Besten und wird dabei von vier stark übergewichtigen (hier eine Seltenheit!) jungen Frauen, die rhythmisch mitklatschen und –wippen, unterstützt. Daneben sitzen einige auffällig gekleidete Japanerinnen. Teils im gothic-look, teils Kleider im Stil des 18. Jahrhunderts tragend erwecken sie den Anschein einer besonderen Art des Karnevals. Neben mir stehen zwei groß gewachsene Blondinen europäischen Ursprungs. Sofort eilen drei Japaner mittleren Alters herbei und zücken riesige Kameras. Die beiden lassen sich anfangs noch gerne fotografieren. Weitere acht Japaner kommen mit Kameras nicht minderer Größe hinzu. Die Fotografierten setzen sich, dieser

Aufmerksamkeit überdrüssig, auf den Boden. Daraufhin gesellt sich einer der Japaner zu ihnen, die übrigen (inzwischen) 13 fotografieren weiter. Die Blondinen stehen auf und flüchten. Als sich die Fotoamateure verzogen haben, kommt eine zurück und setzt sich wieder. Darauf angesprochen, eine starke Wirkung ausgeübt zu haben, antwortet sie mir, derartige Vorgänge seien auf dem Platz üblich. An Wochenendtagen kämen junge Japaner beziehungsweise solche, die sich für jung hielten, hierher, um sich fotografieren zu lassen. Dafür würden sie gezielt die Identität wechseln und schräge Sachen anziehen. Sie fragt mich nach meiner Herkunft, schiebt aber, bevor eine Antwort erfolgen kann, ein „German?“ hinterher. Auf meine Frage, wie sie das so schnell erkannt habe, verweist sie wissend lächelnd auf meinen deutschen Akzent. Sie erkenne ihn sofort, da sie selbst sieben Jahre in Taufkirchen bei München gelebt hätte. Sie ist Engländerin und lässt nicht unerwähnt, hier zu arbeiten. In meiner jugendlichen Naivität frage ich nach, was sie hier mache. Offensichtlich enttäuscht angesichts meiner Ignoranz antwortet sie zu modeln.

Gemeinsam bestaunen wir noch den Mut eines jungen Japaners, der in der Mitte des Platzes auf seinem Klapprad sitzend mit aufgesetztem Walkman „Crazy“ von Aerosmith a capella in den Tokyoter Nachthimmel schmettert. Er ist schon ein wenig heiser, weshalb die Umstehenden sich zunehmend amüsieren. Nach zwei weiteren Liedern schlägt seine Stimme in ein nunmehr bloßes Krächzen um. Er radelt unter Gelächter und vereinzeltem Klatschen davon.

4. Abgeschieden 30/06/2003

Wie unterscheidet man den Steppenwolf von dem sozial-kontaktfreudigen Mitteleuropäer?
Man steckt beide alleine und ohne Arbeit für drei Tage nach Tokyo und wartet ab. Während der Einzelgänger lediglich über die Eigenarten der Japaner schmunzelt, versucht der sozial Integrierte Kontakt mit der Heimat aufzunehmen. Doch gerade dies erweist sich manchmal als außerordentlich schwierig. Nach den in den ersten beiden Tagen gleichermaßen verzweifelt wie vergeblich unternommenen Versuchen, einen Internet-Zugang zu erlangen, wollte ich zumindest mittels Postkarte den Zuhausgebliebenen mitteilen, gut angekommen zu sein. Nur scheint es in Tokyo keine Postkarten zu geben; zumindest keine im herkömmlichen Sinne. In den ersten beiden Läden erntete ich nur ein „postcards? No!“, am Kiosk gar ein verneinendes Kichern.
In einem Lebensmittelmarkt nickte eine Verkäuferin schließlich. Ich dachte bereits, sie müsse mich falsch verstanden haben, doch ein Kollege kramte aus einer entlegenen Schublade unbedruckte Kärtchen hervor. Diese Art von Postkarten wird zu Hause den Eindruck erwecken, ich wäre hier von grenzenlosem Geiz befallen worden oder völlig verarmt.
Die Karten im dreistöckigen modernen Postgebäude Shibuyas aufgebend las ich auf einem Schild neben dem Postkartenschalter die Worte „Express; Electronic mails, Mails“ unter den darüber stehenden japanischen Schriftzeichen. Hoffnungsvoll fragte ich die Frau hinter dem Schalter, ob man von hier auch e-mails verschikken könnte. Sie blickte mich verwirrt an, als hätte sie eben verstörte Zukunftsvisionen gehört. Ich wiederholte: „Electronic mails, you know?“ Sie antwortete mit fragendem Gesichtsausdruck lediglich: „Electronic mails?“
Na gut, das war auch nicht ihr Schalter; sie ist wohl auf Postkarten spezialisiert. Also versuchte ich mein Glück am Nebenschalter: „Is it possible to send an electronic mail from here?“ Der Angestellte entgegnete ein bloßes: „What?“ Ich deutete auf das Schild. Da es

fest installiert war, lief er im weiten Bogen um alle Schalter herum, kam zu mir und starrte auf die Aufschrift „electronic mails“. Sein Gesicht verriet Ratlosigkeit. „Ok! Wait here, please!“ Der junge Mann verschwand und erschien erst mal nicht wieder. Nach einer Weile kam mir der Gedanke, dass er sich wohl auf der Toilette eingeschlossen haben musste. Vermutlich wollte er dort so lange verweilen, bis der unliebsame Kunde verschwunden war. Gerade als ich mich entschloss, den Raum zu verlassen, kam er mit einer Frau mittleren Alters, die mit ihrer Lesebrille auf der Nase einen sehr intellektuellen Eindruck vermittelte, zurück. Es musste sich hier um eine Führungskraft der japanischen Post handeln. Sie ging ebenfalls um die Schalterreihen und las ebenso langsam wie staunend die Worte: „Electronic mails“. Ich fühlte mich verpflichtet, diesen sonderbaren Begriff den Menschen näher zu bringen: „It's a message. You send it from computer to another computer.“ Sie schmunzelte. Immerhin schien ihr das Wort e-mail etwas zu sagen. Plötzlich wich das Schmunzeln aus ihrem Gesicht. Ohne lange Umschweife fasste sie sich kurz: „Electronic mail – no!“. Klarstellend fragte ich noch mal: „It's not possible to send e-mails from here?“ Darauf sie: „It's not possible.“ Ein klares Wort – dankend verabschiedete ich mich.

Es ist den Japanern meines Erachtens hoch anzurechnen, wenn sie ihre japanischen Schriftzeichen englisch untertiteln. Dabei verschwenden sie an den Inhalt der verwendeten fremden Wörter offensichtlich nicht allzu viele Gedanken. Skurrile Züge nimmt es aber an, wenn das Blindzitat über einen nicht unerheblichen Zeitraum keiner bemerkt.

Ich strengte mich weiter an, Kontakt aufzunehmen. Nun mag der gewiefte Mitteleuropäer einwenden: „Ja, warum ruft er denn nicht einfach an?“

Dieser Einwand ringt mir ein – mittlerweile sehr müdes – Lächeln ab. Ein solches Unterfangen ist bei den meisten Telefonzellen von vorneherein ausgeschlossen, denn diese ermöglichen nur landesweite Telefonate. An anderen befindet sich wiederum der Hinweis, von diesen könne ab sofort nicht mehr international telefoniert

werden, weil man in der letzten Zeit schlechte Erfahrungen mit gefälschten Telefonkarten gemacht habe.
Schließlich fand ich am Bahnhof in Shibuya ein orangefarbenes Telefon, auf dem das Wort „international“ leuchtete. Allerdings setzte es für die Benutzung das Einlegen einer Karte voraus. Neben dem Telefon befand sich ein Automat, aus dem man die Karten ziehen konnte; oder besser gesagt, hätte ziehen können, wenn er funktioniert hätte. Mittlerweile fiel mir der Alice Cooper-Song: „Might as well be on mars“ ein. In Shibuya gab es dann aber tatsächlich noch ein Telefon, das mir den ersehnten Kontakt nach Hause zu horrenden Preisen ermöglichte.
Unweit entfernt liegt der Stadtteil Shinjuku, der auch Manhattan-Erfahrene noch beeindrucken kann. Dort ragen viele Wolkenkratzer in den Himmel, der beeindruckendste unter ihnen ist das „Rathaus“. Hätte ich nach einem Rathaus im europäischen Sinne Ausschau gehalten, wäre ich bis zum Ende meines Tokyoaufenthaltes nicht fündig geworden. Es handelt sich um zwei 243 m hohe Türme aus Granit und Stahlbeton. Sehr angenehm aus Sicht des Besuchers ist, dass der 45. Stock beider Türme für den Ausblick offen steht und man dafür nicht einen Yen zahlen muss. Hieran erkennt man: Tokyo ist keine Touristenhochburg. Nach dem Ausblick über das Häusermeer – hier trifft der Name übrigens im Gegensatz zu anderen Großstädten, die planvoll entstanden, tatsächlich zu – lief ich wieder zurück und bekam das erste Mal die bekannte Überfüllung der Tokyoter subway zu spüren.
Am Ende des Tages kam ich mir auch nicht mehr so abgeschieden vor, als mich eine ältere Japanerin fragte, ob ich mich in den U-Bahnen zurechtfände. Sie fragte auf Japanisch, da sie mich aber mit zu dem Plan nahm und ich nur „Kohumbutsu“ äußerte, deutete sie ganz langsam den Weg zum richtigen Bahnsteig. Das war sehr nett von ihr, auch wenn es nicht nötig gewesen wäre, da ich ohnehin auf dem Weg zu diesem Steig war. Als ich ihr noch ein „Aligatoh!“ zurief, war ihre Freude groß. Sie verbeugte sich dreimal, ich tat es ihr gleich.

5. Nicken und Nervenkratzen 03/07/2003

Christoph Neumann beschreibt in seinem Buch „Darum nerven die Japaner“, wie er einmal, auf einer Vorfahrtsstraße fahrend, aus einer Seitenstraße ein japanisches Fahrzeug kommen sah. Die Fahrerin dieses Fahrzeugs, die ihn offensichtlich erkannt hatte, bremste nicht ab. Sie senkte den Kopf, schaute auf das Gaspedal ihres Fahrzeugs und drückte selbiges. Neumann konnte nur durch scharfes Abbremsen einen Unfall vermeiden. Er zieht daraus den Schluss, Japaner würden, wenn sie Unrecht begingen, den Anschein vermitteln, es nicht bewusst zu tun. Sie entflöhen auf diesem Wege auch gesellschaftlichen Zwängen und Pflichten.

Heute morgen fiel mir in der – wie stets zu dieser Zeit – überfüllten U-Bahn auf, dass die Japaner, die sich noch in die U-Bahn quetschen, beim Einsteigen den bereits in der Bahn Stehenden den Rücken zukehren, nach unten schauen, und nach Kräften den Körper in das Gefährt drücken. Diejenigen, die weiter auf die anderen Fahrgäste geschoben werden, senken den Kopf, als wäre auch ihnen das Ganze nicht bewusst. Wie durch ein stummes Kopfnicken stimmen die Japaner einander zu. Niemand wird laut, beschwert sich oder zeigt Aggressionen.

Übermüdet startete ich in den Tag. Da in Tokyo der Morgen sehr früh graut (schätzungsweise gegen halb drei), werde ich bald wach und schlafe wenig. An einem völlig veralteten Computer tätigte ich Eingaben, bis mein Kopf dröhnte. Nach Dienstschluss wollte ich mich um eine neue Wohnung kümmern, was sich als keine einfache Unternehmung erwies. Schließlich beging ich den verhängnisvollen Fehler, an einem (objektiv gesehen wohl nicht uninteressanten) nicht enden wollenden Vortrag über Raumfahrt teilzunehmen. Meine Kontaktlinsen hafteten vertrocknet an den Augäpfeln und ich überlegte, welch unbeschwerte Zeit ich zu Hause verbringen könnte, ohne dabei Unmengen an Geld auszugeben, sondern solches zu verdienen. In Kombination mit dem Regen, der einsetzte, als ich den Vortrag verließ, weckte dies in mir eine aggressive

Grundstimmung, in der ich gewöhnlich die Augen potentieller Nervtöter fixiere.
In Tokyo kann man die Augen der Einheimischen nicht fixieren, gleich ob man durch die Stadt läuft oder die U-Bahn nutzt. In kontemplativer Versenkung schauen sie regelmäßig auf den Boden oder lesen. Die Kopfhaltung signalisiert eine Art egozentrischer Zustimmung zu allem. Sie scheuen den offenen Konflikt, die offene Aggression. Es ist wohl nicht nur eine kulturelle Eigenart, Abwesenheit zu signalisieren. Es ist eine gesellschaftliche Überlebensstrategie. Leben in Tokyo und dem Einzugsgebiet insgesamt 30 Millionen Menschen auf engstem Raum, würde die Rate der Gewaltdelikte wohl sprunghaft ansteigen, wären die Tokyoter mir ähnlicher. In Stimmungen wie der obigen wird Enge zu einem Pulverfass. Demgegenüber hat Japan die geringste Kriminalitätsrate sowie den geringsten Anstieg selbiger unter den Industrienationen. Die Individualität beziehungsweise die individuelle Freiheit kann zu Lasten der Allgemeinheit gehen. Oder anders ausgedrückt: Diese kann sich in bestimmten Situationen nur ein begrenztes Maß an Individualität der Mitglieder leisten. Belächelt man die Japaner wegen ihrer neurotischen Regeltreue und Unselbständigkeit, wird man ihnen nur teilweise gerecht.

6. Kahn in Tokyo 04/07/03

Die populärsten Sportarten in Japan sind Sumo (was man als Mitteleuropäer erwartet) und Baseball (was der Mitteleuropäer weniger erwartet).

Bei der morgendlichen Fahrt mit der U-Bahn – man merkt, welch wichtiges Element meines Aufenthaltes das Transportmittel darstellt – sehe ich nicht nur die stummen, gesenkten Gesichter, sondern folge mit neugierigen Blicken, worauf sie ihre Augen richten. Gerichtet sind sie zumeist auf die Tageszeitung, die in erstaunlich geringem Abstand vor der Nase gehalten wird, genauer gesagt auf den Sportteil der Zeitung. Der Schriftzeichen unkundig interessieren mich primär die Bilder, und die zeigen in 80 % der Fälle Baseballspieler, die auf ihren Trikots und Caps so untypisch japanische Wörter wie „NY" oder „Tigers" tragen – in lateinischer Schrift. Offensichtlich ist das japanische Selbstbewusstsein nicht so weit ausgeprägt, eigene Namen und Trikots zu kreieren – oder hier wird vorwiegend über amerikanische Teams berichtet. Als mein Blick über die japanischen Köpfe hinwegschweift – ich bin bei jeder U-Bahnfahrt zur Rushhour froh, dass 98 % der Umstehenden kleiner sind als ich – fällt mir ein an die Decke geklebtes Werbeplakat auf, das einen jungen, blonden Mann zeigt, den Mund weit geöffnet und offensichtlich nach Leibeskräften brüllend. Neben dem Mund japanische Schriftzeichen und ein Produkt (ich glaube ein Handy), das man kaufen soll. Das Gesicht des Mannes kenne ich, nur der Zusammenhang ist fremdartig: Olli Kahn hat es bis in die Tokyoter U-Bahn geschafft. Offensichtlich sind das noch die Ausläufer der WM. Am Abend sehe ich am Tama, einem Fluss in der Nähe „meines" Hauses entlangradelnd, wie japanische Jugendliche sich gerade auf einem kleinen Fußballplatz aufwärmen. Ich überlege, ob es möglich wäre, dass sie mich ansprechen und bei mir auf Grund meines mitteleuropäischen Aussehens unermessliches fußballerisches Vermögen vermuten. Dies ist mir in den USA wie auf Jamaika nach Angabe meiner Staatsangehörigkeit bereits widerfahren.

Die Japaner hingegen üben sich wie immer in vornehmer Zurückhaltung.

7. Touristen 05/07/03

Die Station Tokyo liegt an der Yamanote Line, einer U-Bahn oder besser gesagt S-Bahn Linie, die kreisförmig um den inneren Stadtbezirk Tokyos führt. Vor Nutzung des öffentlichen Verkehrsmittels gibt man sein Ticket bei Betreten der Station in eine Zählmaschine, die es liest und sofort wieder ausspuckt. Bei Verlassen am Zielort wird der entsprechende Betrag vom Ticket abgebucht. Schwarzfahren und beim Schwarzfahren erwischt werden ist deshalb fast unmöglich, da sich an den Maschinen Schranken befinden. Will man aber eine günstige einstündige Stadtrundfahrt um die inneren Bezirke Tokyos machen, so fährt man einmal im Kreis, steigt eine Station nach der Einstiegsstation aus und zahlt, obwohl man eine Strecke von über 20 Stationen zurückgelegt hat, nur den Preis für die Kurzstrecke von einem Streckenabschnitt, das heißt nicht einmal einen Euro – insoweit ist Schwarzfahren also doch möglich. Da die Japaner aber nicht die Zeit haben, jeden Tag eine Stunde im Kreis zu fahren und Touristen in Tokyo rar sind, wird das System voraussichtlich in den nächsten zehn Jahren keine Änderung erfahren. Die Yamanote Line ist aber nicht nur bei den wenigen Touristen und der arbeitenden Bevölkerung Japans, die sich zu den Stoßzeiten hier besonders intensiv zusammenpresst, beliebt. Auch Suizidenten, die beschlossen haben, ihr Leben von einer herannahenden S-Bahn beenden zu lassen, fanden an ihr Gefallen. Als die Suizidversuche sich häuften und die Kandidaten noch auf die wahnwitzige Idee kamen, ihr Vorhaben zur rush hour auszuführen, soll die Stadtverwaltung ein Schild aufgestellt haben, auf dem stand (übersetzt): „Bitte nicht zur Hauptverkehrszeit vor die S-Bahn springen." Offensichtlich war dies aber selbst einem Japaner in der Stadtverwaltung ein wenig zu zynisch, so dass es entfernt wurde.

Vor dem – nahe der Station Tokyo gelegenen – Kaiserpalast bemerkte ich einen jungen blonden Mann, der mit einem der unzähligen Aufseher heftig diskutierte. Der Platz vor dem Kaiserpalast ist

groß und geteert, doch ließ der Wächter den blonden Europäer nicht mit den mitgebrachten Inlinern fahren. Peer-Kristian, so der Name das Norwegers, erzählte mir nach der vorgenannten Diskussion, den Worten des Aufsehers zufolge sei das Fahren mit Inlinern in ganz Japan verboten – die Japaner meiden gerne Gefahren.
Der Wächter konnte sich mit ihm aber nicht lange auseinandersetzen, da eine Person, die den Kaiserpalast fotografieren wollte, zum Zwecke der Stabilisierung einen Fuß auf ein Stück Rasen, das den Platz umsäumte, stellte. Der Aufseher eilte pflichtbewusst hinzu und forderte den Fotografen auf, dies sofort zu unterlassen. Als ich mich von Kristian verabschiede, werde ich im akzentfreien Englisch um das Schießen eines Fotos gebeten. DoYoung, die den Wunsch äußerte, ist eine Koreanerin, die ein Jahr in den Staaten lebte und jetzt als Künstlerin in Seoul lebt. Ihr Vater schenkte ihr einen Wochentrip nach Japan. Erfreut, miteinander kommunizieren zu können, schauen wir uns in den nächsten Stunden das Gebiet um den Kaiserpalast und das Einkaufsviertel Ginza („Silberstuhl“) gemeinsam an. In einem Lokal esse ich Raamen, eine typisch chinesische Suppe, und in Shibuya hören beziehungsweise sehen wir Bands, die mit beachtlichen Anlagen Hardrock in die Nacht dröhnen. Eingehüllt wird der Nachthimmel in Shibuya von unzähligen und teilweise riesigen Lichtquellen, Werbevideos und Lichtanimationen. Auf den Plätzen ist zudem die Bühne für Alleinunterhalter, die beispielsweise auf einem Einrad fahrend mit einer brennenden Fakkel, einem Buschmesser sowie einem Apfel jonglieren und dabei noch den Apfel essen.
Am Ende des Abends werden wir noch einmal mit der japanischen Ordnungsliebe konfrontiert. Bereits als wir ein kleines Cafe betreten, fällt DoYoung auf, als sie, mit ihrem frisch an der Theke erworbenen Orangensaft an einer auf Sitzplätze wartenden Schlange vorbeizieht, um einen Stuhl zu ergattern. Sofort ist ein Angestellter des Hauses zur Stelle und verweist sie an das Ende der Schlange. Kurze Zeit später erweist sich DoYoung als notorische Regelbrecherin. Inzwischen sitzend legt sie ihr Bein auf einen – freien – Barhocker. Nach etwa zehn Sekunden stürmt der Angestellte wie-

der aufgeregt herbei und zieht unter eifrigem Nicken den Stuhl weg.
Manchmal wirken sie schon ein wenig drollig, die Japaner.

8. „Fiel“ Botschaftsalltag 07/07/03

Die Botschaft der Bundesrepublik in Tokyo befindet sich gerade im Umbruch. Seit Jahren steht fest, dass das alte Gebäude abgerissen werden soll, weshalb es auch geräumt und ein provisorischer Zwischenbau bezogen wurde. In diesem wartet und verharrt man nun schon wesentlich länger als geplant auf die Realisierung des Abrisses wie des Neuaufbaus.

Warten – das machen aber nicht nur die Botschaftsangehörigen, sondern auch die Besucher, und zwar auf Pässe, Visa und Ähnliches. Da für die Bearbeitung dieser Unterlagen meistens mehrere Stellen zusammenarbeiten müssen, kommt es bisweilen vor, dass man nicht nur mit deutschen Behörden, sondern auch mit ausländischen zu tun hat. So rief ich heute die Botschaft eines anderen europäischen Staates an, um in einer Passangelegenheit nachzufragen. Der Kollege auf der anderen Seite meldete sich mit einem schlichten: „Hallo!“

Ich stellte mich nur kurz vor und nannte den Namen der Person, um die es in der Angelegenheit ging. Der Satz war noch nicht zu Ende gesprochen, als der Kollege ein gebrochenes Englisch in den Hörer bellte. Die Lautstärke zwang mich, den meinigen vom Ohr weg zu halten, um nicht zu ertauben. Hin und wieder führte ich ihn kurz zum Mund, um ein „Yes.“ oder „Hm.“ zu antworten. Der Vortrag des Kollegen, der sich über circa drei Minuten erstreckte, hatte allerdings nicht das Geringste mit meiner Frage zu tun. Ich war versucht, ihn zu unterbrechen, unterließ es aber. Als er schon ein wenig erschöpft wirkte, nutzte ich eine Atempause um meine Frage vorzutragen. Er stockte, brachte ein kurzes „Oh!“ hervor und entgegnete mir knapp, diese Frage nicht beantworten zu können.

Kurz nach diesem Telefonat war ich mit einer Deutschen zum Mittagessen verabredet. Das Lokal, das sie ausgesucht hatte, war recht gediegen: Man legt für ein durchschnittliches Menü umgerechnet etwa 40 Euro auf den Tisch, was aber nicht heißt, dass man auch gesättigt das Restaurant verlässt. Im Rahmen des Tischgesprächs

kamen wir auf die Essgewohnheiten in anderen Ländern zu sprechen, und als ich nach der Art der Mahlzeit in einem ganz bestimmten Land fragte, in dem die Gute schon mehrere Jahre gelebt hatte, meinte sie:
„Dort kann man ein großes „F" auf den Teller malen."
Ich überlegte noch kurz ob der Bedeutung dieses gewieften Ausdrucks und sinnierte kurz, für was das „F" alles stehen könnte, wie etwa: „Fleisch, Fisch, Ferkel"; da ergänzte sie bereits:
„Fiel, Fett, ..." –
Ich zuckte innerlich zusammen. Meinte sie etwa: „Fiel" oder „Viel" oder „viel Fett"? Da sie aber weiter vorbrachte, dort würden die Teller bis zum Zerbersten gefüllt werden, musste sie tatsächlich „fiel" oder besser gesagt/geschrieben „viel" gemeint haben. Im Weiteren verlief das Gespräch allerdings weniger irritierend, sondern kann durchaus als interessant und nett bezeichnet werden.
Nach Dienstschluss hatte ich ein für japanische Verhältnisse ungewöhnliches, geradezu erschreckendes Erlebnis. Man muss hierzu erklären, dass es in Japan sehr sauber ist. Man würde sich schwer tun, in Tokyos Straßen oder Bahnhöfen nach Zigarettenstummel oder Müll zu suchen und hierbei fündig zu werden. In der U-Bahn nahm ich an meinem Schuh einen Widerstand wahr. Unterstellend ein Mitreisender sei an diesen gestoßen, wollte ich meinen Nachbarn schon strafend anschauen, als ich erkannte: Dessen Schuhe befanden sich noch im gewöhnlichen Abstand zu den meinigen. Bei dem Versuch den linken Fuß anzuheben registrierte ich, auf einem Kaugummi zu stehen. Einem Kaugummi! In Deutschland wäre mir womöglich nur ein kurzes abfälliges „Ah!" entglitten, hier ruft das schon Zweifel am System hervor. Allerdings hatte ich keine Hemmungen, meinen linken Schuh mit Hilfe des rechten von dem Klebstoff zu befreien und diesen so auf dem Boden zu verteilen. Mittlerweile bin ich mir sehr sicher, dass keiner der Mitreisenden aus seinem meditativen Zustand erwacht, um mich zu schelten. Sie schlafen, lesen oder warten.

9. Heea Figat und die japanische Wiatschaft

09/07/03

Meine Arbeitstage verlaufen bereits jetzt sehr strukturiert. Mittlerweile fiept mich der Wecker stets um 6.15 Uhr aus dem Schlaf und von da an beginnt der Kampf gegen die Zeit. Bin ich dann allerdings auf dem Weg zur Station, werde ich jeden Morgen von den japanischen Grundschülern verzückt, die in ihren kleinen Uniformen einem jeden Nichtjapaner ein „sweet" oder „niedlich" durch die Gedankenbahnen schicken lassen. Die ganz Kleinen tragen Matrosenmützchen zu ihren Anzügen oder Kleidchen, die nicht ganz so Kleinen weiße hochgekrempelte Hütchen. Dieses Bild wird vervollständigt, wenn sie mit ihren kleinen Schirmchen zu den U-Bahnstationen hasten.

Da bei mir allerdings auch immer latent die Verspätung droht, störe ich das Bild, wenn ich mit meinem dunklen Anzug und meinem riesigen Travelrucksack mit großen schweren Schritten hinter ihnen herjage. Manch kleiner japanischer Grundschüler dreht sich dann um und schaut mich mit verschreckten Augen an, als wäre Godzilla hinter ihm her.

An der Botschaft angekommen werde ich von den japanischen Sicherheitsbeamten sehr freundlich, von den deutschen Grenzschutzbeamten sehr lässig begrüßt. Die Person, die danach zu einem Schmunzeln zwingt, ist Fr. Miyagi. Man muss einmal erlebt haben, wie sie mit japanischem Akzent die Worte in die Länge streckt: „Guteeen Mogeen Heea Figat!" höre ich und denke mir, dass die Empfindungen, die man gegenüber den kleinen Japanern hegt, hier gegenüber einer Person mittleren Alters Fortsetzung finden. Telefoniert Fr. Miyagi mit einem japanischen Anrufer, so läuft das Gespräch stets wie folgt ab: „Mosh-mosh" (gesprochen mosch-mosch und heißt: hallo-hallo; es handelt sich hierbei um einen beliebten Ausdruck bei Japanern: Als ich das letzte Mal mit einem Einheimischen telefonierte, sprach er mit mir englisch. Plötzlich suchte er nach einem Wort, fand es nicht und brach mit-

ten im Satz ab. Es folgte eine Pause, dann rief er nur noch : „mosh-mosh?!")
Anschließend sagt sie mindestens 20 Mal „hai" was soviel heißt wie „ja", aber nicht immer „ja" bedeutet. Auch wenn Japaner etwas überhaupt nicht verstehen, sagen sie ständig „hai." Es hat eher die Bedeutung: „Ich kann noch hören, dass du redest." Kommt hingegen ein deutscher Hilfesuchender, der einen Pass beantragt oder eine Unterschriftsbeglaubigung möchte, äußert sich Fr. Miyagi immer verständnisvoll und mitfühlend. Soll der Antragende Gebühren abdrücken, sagt sie gern (nachdem sie die Höhe genannt hat): „Is' teua, ja. Tut mia leid."
Als ich mit ihr einmal Eingaben am Computer tätigte, ging es um einen Namen, der Hermel[2] lautete. Fr. Miyagi diktierte mir: „Heelmel." Ich stutzte, hatte ich den Namen doch anders gelesen, und vergewisserte mich selbst. Daraufhin wollte ich sie korrigieren: „Er heißt doch Hermel, oder?". Darauf sie: „Ja, sag ich dooch: Heelmel."

Die japanische Presse setzt sich – wie ich heute aus dem Pressebericht erfuhr – zur Zeit intensiv mit den starken Zuwächsen des Nikkei auseinander. Nachdem er zwischenzeitlich wie alle anderen Börsen einbrach, ist er jetzt, fast wie in alten Zeiten, wieder an der 10.000-Grenze, was dem in der letzten Zeit hart kritisierten Ministerpräsidenten Koizumi Rückenwind gibt. Weiteren Rückenwind bekommt seine Regierung wegen der bereits als gesichert geltenden Meisterschaft des Baseballteams der Hanshin Tigers.
Letzteres vermag dem gemeinen Mitteleuropäer nicht sofort einleuchten, also fragte ich nach der Morgenrunde einen unserer Übersetzer nach dem Zusammenhang. „Ja," sagte der, „das ist waahh."
„Walum?" wollte ich schon fragen, da führte er bereits aus: „Hanshin Tigers kommen aus Osaka. Und Osaka ist wichtig füa Wiatschaft."
Ich schaue ein wenig unwissend, er holt weit aus.

[2] Name geändert

„Nomaleweise gewinnen die Yomiuri (er sagte tatsächlich ein halbes „r“) Giants aus Tokyo. Tigers gewinnen vielleicht alle 20 Jahle .... Abe wenn sie gewinnen, dann feian die Leute in Osaka seea. Die Leute da sind....wie soll ich sagen, seea leichtsinnig und ausgabelustig. Als letztes Mal Tigers gewannen, sind sie von Blücke in den Fluss gesplungen und haben alles gekauft. Sekt mit eigenem Tigers-Etikett wuade gemacht, und in Osaka ist viel Handel. In Osaka alle sind Tigers-Fan, sie sind vealückt.“
Ich fragte ihn, ob er Giants-fan wäre, worauf er grinsend antwortete, dass das früher so war, jetzt aber schaue er nur noch amerikanischen Baseball.
Nun, jedenfalls wird verständlich, warum die Tigers die Wirtschaft ankurbeln. Wenn die Einwohner Osakas wieder aus dem Fluss gekrochen sind, kaufen sie einfach alles auf.

10. Bei den Großen 10/07/2003

Dem versierten Leser wird vermutlich aufgefallen sein, dass bisher nichts über Größen berichtet wurde, die mit einer so bedeutenden Botschaft wie der in Tokyo in Kontakt stehen. Es kann doch – so wird er denken – nicht nur um irgend welche Passangelegenheiten gehen. Richtig – und deshalb möchte ich diesem Personenkreis die heutige Seite widmen.

In seiner Residenz gibt der Botschafter Empfänge wie den gestrigen, bei dem Thyssen-Krupp und deren wichtigste japanische Partner zelebriert wurden. Die beste Rede war die des Gastgebers, der neben den allgemeinen Formeln immer wieder kleine Spitzen gewitzt einbaute. So erwähnte er in einem Satz, auch er hoffe, das Projekt Transrapid werde nicht nur in China realisiert. Die Rede des Botschafters wurde sukzessiv ins Japanische übersetzt, was sie in die Länge streckte. Als er fertig war, rann mir in dem nur schlecht gekühlten, mit ungefähr 80-100 Personen gefüllten Empfangssaal der Schweiß hinab. Danach ergriff einer der führenden Personen von Thyssen-Krupp das Wort und erzählte auf Englisch (wurde natürlich auch ins Japanische übersetzt) die Unternehmensgeschichte. Diese hat, wie man sofort und auch zutreffend vermutet, eine gewisse Tradition und damit auch Länge. Als die Schweißperlen schon an meinen Socken angekommen waren, fing der Redner an, die Produktpalette des Unternehmens zu erörtern. Er huldigte schließlich noch den japanischen Geschäftspartnern, als ein (wie ich später erfuhr) wichtiges Vorstandsmitglied mit dem Ellbogen heftig gegen mein Wasserglas stieß. Es entglitt mir glücklicherweise nicht, es schwappte nicht einmal Wasser über, da ich um den Wasserverlust zu kompensieren bereits den letzten Tropfen aufgesogen hatte. Mein Vordermann drehte sich – nicht wirklich erschrocken – um, ich schaute ihm in die Augen, zog eine gönnerhafte Schnute und signalisierte mit einem kurzen Nicken, bei dem ich ihm zuzwinkerte: „Passt schon!“. Dies ließ ihm ein Grinsen über das Gesicht huschen.

Die Rede war fast vollendet, da ahnte ich Böses, als in der japanischen Ecke plötzlich Betriebsamkeit aufkam. Sie würden doch nicht...

...Doch, natürlich musste jetzt auch noch ein Vorstandsmitglied des wichtigsten japanischen Partners ans Mikrofon. Auch dessen nicht enden wollende Dankesformeln wurden übersetzt, diesmal ins Englische. In der Zwischenzeit hatte mein Vordermann den Platz gewechselt, am anderen Ende des Raumes wurde es zunehmend unruhig; ich überlegte, wo ich in der Stadt eine günstige und zuverlässige Reinigung für meinen Anzug organisieren könne.

Die Reden waren vollbracht, die Zuhörer drängten in den wohlgepflegten Residenzgarten des Botschafters. Bei Beobachtung des geschäftigen Gebarens einzelner Personen durchströmte mich das Gefühl ungezwungener Freude, daraus resultierend, dass ich den Auswärtigen Dienst und den Anwaltsberuf betreffend nicht besonders ambitioniert bin. Infolgedessen verspüre ich nicht den Drang, „wichtigen“ Leuten nachzulaufen, ihnen meine Visitenkarte aufzunötigen und sie in ein Gespräch zu verwickeln. Statt dessen unterhielt ich mich mit der Freundin Thorstens, einem Referendarskollegen, über weiße, von Frauen getragene Sommerhosen sowie die Gepflogenheiten bei Geschäftsabschlüssen in arabischen Staaten und machte mich schließlich über das Büffet her. Ich war entschädigt.

11. Die japanische Sanftmut und die Suche nach Bier

12/07/03

Für den gestrigen Abend hatte ich mich mit einem Kollegen aus der Botschaft, Herrn Martin, für einen Konzertbesuch verabredet – wir hatten Freikarten. Auf dem Weg zum Metropolitan Art Space schlief ich in der U-Bahn stehend fast ein. Dabei wäre ich in guter Gesellschaft gewesen, da regelmäßig die Hälfte der Tokyoter in der U-Bahn schläft. Es ist stets faszinierend zu beobachten, wie sie schlafen, aber dennoch den Ausstieg an der richtigen Station nicht versäumen. Die U-Bahn hält, der Name der Station wird durchgesagt, der Körper zuckt zusammen, sie greifen nach ihrer Tasche und springen nach außen, kurz bevor sich die Türen wieder schließen.

An der Station Ikebukuro stieg ich aus und fragte eine Gruppe junger Japaner (etwa zwischen 18 und 22 Jahre alt) nach dem Weg zum (in etwa 80 m entfernten) Tokyo Metropolitan Art Space, wobei ich ihnen auch die Einladung zeigte, auf der das Gebäude auch in japanischer Schrift benannt war. Sie berieten sich intensiv, bis der Mutigste, womöglich der Klassenprimus, ein: „I...don't... .know!" vorbrachte. Die anderen nickten anerkennend und im Weitergehen zollten sie ihm Respekt für seine Leistung. Er sagte ihnen immer wieder den Satz vor, den sie nachzusprechen versuchten. Zu meiner Erleichterung fand ich einen Geschäftsmann, der ohne weitere Worte zu verlieren auf das sichtbare und nah gelegene Gebäude zeigte.

Das Gebäude beziehungsweise die concert hall habe, so Herr Martin, als er mir das Konzert schmackhaft machte, eine auffallende Ähnlichkeit mit der Berliner Philharmonie; da ich diese noch nicht besucht habe, kann ich das weder bestätigen noch bestreiten.

Im Konzertsaal begann das Yomiuri Nippon Symphony Orchestra unter Leitung des Deutschen Gerd Albrecht mit der Overture K.V. 527 aus Mozarts Don Giovanni. Auch einem Klassiklaien wie mir fiel bereits nach wenigen Takten auf, wie weich und harmonisch das Stück hier gespielt wird. Im Vergleich hierzu erinnerten mich die klassischen Konzerte, die ich bisher gehört hatte, an alte, über holprige Kopfsteinpflaster gezogene Holzkarren. Im Anschluss daran wurde ein Konzert für Kontrabass und Orchester von Koussevitzky vorgetragen. Es hob sich meines Erachtens qualitativ von ersterem nicht ab. Dennoch wurde vor allem der Solist sehr lange beklatscht und gefeiert. Herr Martin verstand den Unterschied in der Zuhörergunst auch nicht so ganz und meinte, es müsse sich bei dem Solisten wohl um einen Lokalmatadoren handeln. Auf meinen geschilderten Eindruck, das Konzert klinge sehr harmonisch, entgegnete er, dies sei für Japan typisch. Derartige Konzerte lägen der japanischen Sanftmut, der japanischen Seele, die stets nach Harmonie strebe. Er erzählte mir aber auch von einem sehr schrillen Konzert, das er hier gehört hätte. Vorgetragen wurde es mit ungewöhnlichen Instrumenten wie altjapanischen Pfeifen (wie immer diese aussehen mögen), die lediglich Disharmonien hervorbrachten. Seine Schmerzgrenze, die er sehr hoch ansetzt, war bald erreicht, ganz zu schweigen von der seiner Frau. Nach dem grässlichen Vortrag fragte er den Einladenden, ob dieses Konzert für Japan nicht ein wenig untypisch gewesen sei. Daraufhin erhielt er eine verneinende Antwort. Harmonien, so der Befragte, seien nur für das Volk gedacht. Am Hofe der Adligen würde man stets nur Dissonanzen darbieten, um die Zuhörer zum Nachdenken und zur Weiterentwicklung anzuregen. Insoweit empfinde ich es als vorteilhaft, dass der Geschmack des japanischen Pöbels und nicht der des Hofes den Ton angibt.

Nach dem Konzert hörten wir auf dem Vorplatz des Metropolitan Art Space abwechselnd zwei zwei-Personen starke Bands (meist Gitarre und Keyboard) gecoverte Lieder vortragen – auf verblüffend hohen Niveau. Die Lieder waren teilweise südamerikanischer Herkunft, und um uns herum sahen wir relativ viele Personen, die zumindest auch lateinamerikanische Gesichtszüge hatten. Viele japanische Gastarbeiter wanderten im vorletzten und letzten Jahrhundert, als die japanische Wirtschaft noch gehemmt in den Kinderschuhen steckte, nach Südamerika aus, vermischten sich dort

teilweise mit der Bevölkerung und kehrten später nach Japan zurück.
Wir beschlossen „noch ein Bierchen“ zu trinken, was sich in Tokyo gegen 22.30 Uhr (auch an einem Freitag) nicht mehr als einfaches Vorhaben erweist. Die meisten Kneipen sind schon geschlossen. Die, die noch geöffnet haben, sind regelmäßig überfüllt. Als wir in Jiyugaoka in eine – von außen betrachtet völlig unauffällige – Bar gingen, fiel sofort das positive Mischungsverhältnis (etwa zwei Frauen auf einen Mann) auf. Es handelte sich natürlich um ein Etablissement, bei dem man erst einmal 4000 Yen bezahlen sollte, um sich mit den Damen „unterhalten“ zu können. Wir drehten sofort um, wurden von zwei weiblichen Angestellten fast schon verfolgt und konnten sie mit Müh und Not abschütteln.
Das nächste Lokal, in das wir uns vorsichtig hineintasteten, machte hingegen einen unverfänglichen Eindruck. Das Durchschnittsalter der Gäste betrug etwa 19 Jahre und ich war – lässt man den Wirt außen vor – mit Sicherheit die zweitälteste Person vor Ort. Wir mussten keinen Eintritt bezahlen, bekamen unser Bier und darüber hinaus ein Pfannkuchen ähnliches japanisches Gericht. Der Ausklang des Abends war gerettet.

12. Sing for the moment 13/07/03

„I wake up ‘round seven, get outta bed ‘round nine.
I don´t worrin’ ‘bout nothin’, ‘cause worrin’ is waste of my time.“
Der alte Guns and Roses Klassiker „Mr. Brownstone“ kam mir heute in Kopf, als ich um sechs das erste Mal aufwachte, aber erst gegen halb zwölf – das erste Mal einigermaßen ausgeschlafen – aufstand. Das Haus verließ ich um 14 Uhr.

Steigt man an der Haltestelle Tokyo aus, so der Reiseführer, muss man als Tourist neben dem Kaisergarten und dem International Forum das unterirdische Einkaufszentrum gesehen haben, das sich über „kilometerlange Einkaufsstraßen erstreckt“. Diese „Straßen“ sind in Wahrheit nur begehbar, erstrecken sich aber tatsächlich über mehrere Kilometer. Da der Untergrund auch viele Restaurants und Verkaufsstände beherbergt, bekam ich sofort Hunger, und kaufte mir einen von „beard papa’s pipin’ hot cream puffs“, so die englische Umschreibung für das vorzüglich schmeckende Gebäck. Bereits der Kaufvorgang war ein Erlebnis. Hinter der Verkaufstheke standen drei etwa 16 Jahre alte Japanerinnen, die ihren in Japan üblichen Bedienungs- und Dankessingsang gemeinsam vortrugen. Ihre Stimmen hatten aber für meine Ohren eine derart ungünstige Frequenz, dass sie wie ein fast schon unerträgliches Gequäke in meinen Ohren surrten. Sie verstummten erst, als ich auf eine ihrer Fragen auf Englisch antwortete. Alle drei kicherten unbeholfen, bis ich den Platz vor der Theke räumte. Dann setzte das Trio wieder von Neuem an. Dieser Singsang ist hier – wie bereits erwähnt – typisch. Betritt man ein Restaurant – die ganz teuren einmal ausgenommen – fangen plötzlich alle Kellner an zu schreien. Dies soll den Kunden aber nicht erschrecken (was bei Ausländern dann doch häufig der Fall ist), sondern vielmehr bereits den Dank dafür ausdrücken, dass man das Lokal bereits betreten hat; entsprechend verhält es sich bei vielen Geschäften, in die man sich begibt. Demgegenüber zeigen die Japaner, die als Kunden auftreten, auf diese Dankesformeln keine Reaktion. Sie schauen sich um, als würden sie die Dankenden nicht wahrnehmen. Der Kunde ist König.

Der Kaiserpalast befindet sich etwa 300 m entfernt von der U-Bahnstation Tokyo. Der Großteil der Anlage ist für Besucher nicht zugänglich. Lediglich der Ostteil kann besichtigt werden; dies aber nur an bestimmten Tagen und wie ich erfahren musste, nur bis 16 Uhr. Als ich gegen 16.05 Uhr ankam, stellte sich mir ein uniformierter Sicherheitsbeamter in den Weg. Hiervon gibt es in Tokyo sehr viele. Meistens tragen sie eine Mischung aus Schlagstock und Verkehrskelle in der Hand, so dass sie Verschiedenes regeln können. Da man Schlagstöcke und Verkehrskellen in der Dunkelheit schlecht erkennen kann, enthalten sie im oberen Teil eine kleine Glühbirne, die rot leuchtet. Das Ganze erinnert an Leuchtstäbchen, die man Kleinkindern auf Volksfesten kauft, damit sie Ruhe geben. Und ebenso wie die Kinder wedeln die Sicherheitsmänner gern mit den Stöckchen.
Sicherheitspersonal sah ich auch am Abend zwischen den Stationen Shibuya und Harajuku, wo Friedensaktivisten eine kleine Bühne aufgebaut hatten. Der amerikanische Redner machte keinen Hehl daraus, dass er nicht zu den glühendsten Verehrern „seines" Präsidenten zählt. Er geißelte das von der amerikanischen Regierung begangene kriegstreiberische Unrecht und legte dar, Bush wäre nur mittels Wahlbetruges Präsident geworden. Die wenigen japanischen Zuhörer wurden von ebenso vielen Polizisten bewacht und klatschten hin und wieder artig. Eine derartige Bewegung hat es in Japan noch schwerer als in anderen Ländern. Die Japaner, und das erkennt man bereits an den Meinungen in der Presse, sind „pragmatisch", was heißen soll, die Kooperation mit der amerikanischen Supermacht wird regelmäßig der Konfrontation vorgezogen. Und dies vor allem dann, wenn sich die Japaner durch eine nordkoreanische Atommacht vor der Haustüre bedroht sehen.
Von diesem ebenso engagierten wie verzweifelten Auftritt bewegt, besuchte ich ein Plattengeschäft (es gibt dort tatsächlich noch LPs), in dem über fünf Stockwerke CDs verschiedener Richtungen angeboten wurden. Ich hörte mir das Werk „The Eminem-Show" über Kopfhörer an und fühlte mich für kurze Zeit wie zu Hause. Danach schaute ich mich Interesse halber nach Musik aus deutschen Landen um. Im Wesentlichen waren nur drei Gruppen ver-

treten, allesamt für die Freunde schnellerer und härterer Musik gedacht. Von den „Scorpions“ standen dort drei uralte CDs, die aus einer Zeit (1974-1983) herrühren, als sie in Japan noch mehr Erfolg hatten als in Deutschland. Ganz stark repräsentiert (zehn verschiedene CDs) war „Helloween“, die man in Deutschland kaum mehr kennt, und schließlich – wie sollte es anders sein – „Rammstein“. Die Japaner dürften dabei im Hinblick auf das Deutschlandbild ähnliche Assoziationen wie die Amerikaner haben. Andererseits werden die martialischen Töne offensichtlich von den jüngeren Japanern, die nicht nur Sanftmut und Harmoniebestreben in sich tragen, angenommen. Und dies fand ich auch bestätigt, als ich den Rest des Abends an der Station Shibuya verbrachte. Drei Punkbands trugen abwechselnd drei Lieder aus ihrem Programm vor. Sowohl das Equipment als auch die musikalischen Fertigkeiten waren auffallend professionell, was man auf Grund des bisweilen jungen Alters der Musiker nicht unbedingt hätte erwarten können. In Tokyo wagen sich die Gruppen offensichtlich erst dann an die Öffentlichkeit, wenn sie von ihrer Perfektion überzeugt sind. Und dementsprechend fand sich dort auch kein aufgeklappter Gitarrenkoffer, in den man Yen werfen sollte, vielmehr konnte man sogleich die CDs kaufen.

Vor diesen Bands stehend und von den gigantischen Beleuchtungen und Lichtanimationen – an denen ständig Hunderte vorbeiziehen – umgeben, kommt es mir vor, als wäre ich in einer anderen Welt, möglicherweise einer futuristischen. Sämtliche großen Städte, in denen ich bisher war, wirken – New York mal ausgenommen – im Vergleich hierzu provinziell. Ein Deutscher, der seit Jahren hier lebt, hat es so formuliert: „Wenn ich nach Deutschland zurückkomme, kommt mir alles provinziell und versifft vor.“

Kleinere Städte wie Würzburg oder Erlangen wirken in meiner Erinnerung wie kleine Puppenhäuschen; dass ich selbst mal in dem 600 Einwohner starken Hausen aufwuchs, kaum vorstellbar.

13. Wurzeldrehen und Köpfen 15/07/03

Angesichts einer steigenden Jugendkriminalität, die im Vergleich zu der Delinquenz in anderen Ländern noch gering ist, hat ein hoher japanischer Beamter letzte Woche gefordert, man solle sich nicht nur um die Opfer von Gewaltdelikten kümmern, sondern das Augenmerk auch verstärkt auf den gewalttätigen Jugendlichen beziehungsweise dessen in der Erziehung versagende Eltern richten. Die Eltern sollten „öffentlich vorgeführt und/oder enthauptet werden".

Nach einem kurzen Stocken des Atems wird man nach Vernehmen dieser Meldung vermutlich denken, dass es sich bei der Aussage um eine japanische Wendung metaphorischer Art handeln mag. Da es in Japan noch die Todesstrafe gibt – sie wurde von den Anklägern in einem gegenwärtig laufenden Prozess gegen ein Mitglied der Aum-Shinrikyo-Sekte gefordert, das laut Anklage an dem Giftgasanschlag 1995 an der U-Bahn Station Kasumigaseki maßgeblich beteiligt war – hat die Forderung des Beamten aber auch in Japan für Aufruhr gesorgt. Um Erklärungen nicht verlegen, meinte dieser aber später, er habe das so nicht gemeint. Er sei lediglich Fan einer japanischen Zeichentrickserie, in der das Enthaupten fester Bestandteil sei, und habe deshalb diesen Ausdruck gewählt. Der Freund deutscher Klassik wird angesichts dieser Begründung den bekannten Ausruf Fausts in der Hexenküche: „Mich dünkt die Alte (hier: der Alte) spricht im Fieber!" assoziieren; da der plötzliche Ausbruch eines grippalen Infekts jedoch nicht zu den naheliegendsten Erklärungsansätzen zählen wird, bleibt der tatsächliche Hintergrund für das Verhalten offen.

In den letzten Wochen merkte ich nicht nur, dass die Japaner die offene Aggressivität meiden, sie machen im offiziellen Verkehr auch einen richtigen Eiertanz um das, was sie eigentlich sagen wollen. Schreibt man beispielsweise einen Brief, um den japanischen Adressaten zu befragen, ob er an einem Plan für eine Veranstaltung größeren Ausmaßes Kritik vorzubringen habe und möchte ihn gleichzeitig auf den geplanten Zeitpunkt hinweisen (da der Grobablauf des Events schon längst feststeht), so fragt man ihn erst, ob das Treffen seiner Meinung nach überhaupt stattfinden könne oder barer Unsinn sei. Der Angeschriebene macht das Spiel mit, lobt die Pläne in den höchsten Tönen, um später vielleicht versteckt in einem Nebensatz noch leise anzudeuten, welche Ergänzungen man unter Umständen berücksichtigen könnte.

Sendet man ein selbstverfasstes Buch einem Kollegen zu, so weist man gleich darauf hin, dass es sich eigentlich um „ein dummes Werk“ handele, woraufhin dieser in seinem Antwortschreiben heftig widerspricht und in dem Buch die Offenbarung erkennt. Noch plakativer wird es, wenn der Japaner seinem Landsmann das „schäbige Haus“ oder (noch besser) das „dumme Weib“ vorstellt, das beziehungsweise die von dem Landsmann dann Worte ringend gepriesen werden. Das „dumme Weib“ ist über diesen Ausdruck nicht verärgert – das Ritual ist Teil des Ganzen und gehört dazu. Sie weiß: Ihr Gatte sagt das in Erwartung der gegenteiligen Reaktion des anderen Parts.

Japankenner und –liebhaber laben sich an dieser Bescheidenheit. Regelmäßig führt die vorgetragene Bescheidenheit und Höflichkeit zur Vermeidung einer Konflikteskalation – aber wohl nicht immer. Hin und wieder bricht dann doch etwas durch, was sich mit diesem Bild nicht vereinbaren lässt, etwa wenn Straftäter hingerichtet, Asylbewerber abgelehnt, Strafgefangene extrem harten Regeln unterworfen oder unbedacht verfehlte Forderungen ausgesprochen werden.

Für sich betrachtet mag das alles befremdlich wirken; im Regelfall bleibt es aber bei dem aggressionshemmenden „Wurzeldrehen“ (so bezeichnen sie es selbst): Die Japaner lösen nicht einfach ein Problem, indem sie den Baum, der im Weg steht, fällen – die Wurzeln des Baumes werden vielmehr so lange gedreht, bis er nicht mehr stört.

14. Europäer unter sich 16/07/03

Die Europäer müssen in Japan kollektiv agieren, um ernst genommen zu werden. Die gemeinsamen Aktionen bedürfen regelmäßiger Absprache wie Abstimmung, und bei einem solchen Treffen der Leiter des Referats Rechts- und Konsularwesen durfte ich heute mitwirken. Die Leitung oblag den Italienern. Der Wortführer, ein sehr sympathischer junger Mann, hatte eine auffallende Ähnlichkeit mit Sascha Hehn (in dessen jungen Jahren), gewürzt mit einem italienischen Einschlag. Die übrigen Mitglieder wurden den üblichen Klischeevorstellungen vollkommen gerecht. Die britischen Kollegen saßen wie gescheitelte Buchhalter neben den Italienern und brachten emotionslos ihre Vorstellungen ein, die Französin neben mir war sehr charmant, der holländische Vertreter hingegen ein wenig bissig, was den Gesprächsleiter zunächst aus dem Konzept brachte.

Zu meiner Erleichterung sprach man englisch. Der Kanzler der Botschaft hatte mir zwar angekündigt, manchmal werde auch auf Französisch kommuniziert. Ich hatte deshalb schon die Befürchtung, dämlich grinsend dabei sitzen zu müssen. Bereits an Hand des Programms stellte ich aber erleichtert fest, die Beteiligten hatten sich für Englisch entschieden, das je nach Nationalität mit diversen Akzenten vorgetragen wurde. Meine französische Nachbarin sprach mich dessen ungeachtet in ihrer Muttersprache an, so dass ich nur ein „oh, sorry“ hervorbrachte, was sie sichtlich enttäuschte. Sie machte keinen Hehl daraus: Englisch zählt nicht zu ihren Lieblingssprachen.

Der Nachbar zu meiner Linken hingegen suchte ständig Gesprächskontakt, weshalb ich der Diskussion nur mit einem Ohr folgen konnte, da ich ihm gegenüber nicht unhöflich wirken wollte. So erfuhr ich allerlei über seine Vergangenheit und seine skurrilsten Fälle. Diese hatten mit dem heutigen Treffen allerdings nicht das Geringste zu tun. Zwischenzeitlich wurde ich davon abgehalten, ihm zu folgen, wenn ein besonders amüsanter Fall vorgetragen wurde, der die Anwesenden erheiterte. So bekam ein Gefangener eines Mitgliedstaates 15 Jahre Freiheitsstrafe, weil er 50000 Ecstacypillen importiert hatte. Vor dem Gericht ließ er sich dahingehend ein, nicht gewusst zu haben, dass er Drogen einführte. Er wäre davon ausgegangen, es hätte sich um schlichtes Viagra gehandelt – er scheint für Japan einiges geplant zu haben. Jedenfalls brachte diese Einlassung selbst den Strafrichter zum Lachen, was unter den japanischen Richtern sehr selten vorkommen soll.

In der Pause wurden, wie auch schon vor Beginn der Sitzung eifrig Visitenkarten ausgetauscht. Ich kam mit einer größeren Anzahl wieder, als ich selbst verteilt hatte, da ich nur zehn eigene dabei hatte. Das Verteilen von Visitenkarten ist hier ein fester Brauch, der jede Begrüßung garniert. Die Branche der Visitenkartenhersteller muss in Tokyo boomen, denn das Nichtaushändigen der eigenen Visitenkarte stellt fast schon eine Beleidigung des Gegenübers dar. Da mir meine eigenen ausgingen, erwog ich bereits, Visitenkarten, die ich von anderen Personen bekommen hatte und die meinen Geldbeutel sprengten, einfach weiterzureichen. Dies unterließ ich dann aber doch, obwohl ich mir nicht vorstellen kann, dass die anderen alle Visitenkarten, die sie bekommen, behalten. Genauso fröhlich wie sie verteilt werden, werden sie vermutlich auch wieder weggeworfen.

Am Ende der Sitzung hatte ich mich um 15 Visitenkarten sowie drei Tassen Tee bereichert und machte mich mit den „Kollegen“ auf den Rückweg, auf dem plötzlich nur noch französisch gesprochen wurde. Wir stiegen im sechsten Stock zu siebt in einen kleinen Aufzug ein; in diesem dicht gedrängten Beisammensein lächelte ich etwas dumm zu dem lebhaften Gespräch, von dem ich wenig mitbekam. Im vierten Stock ging die Tür auf und drei Japaner, die den bereits leicht überfüllten Fahrstuhl sahen, standen uns gegenüber. Sie schauten, zögerten kurz, kehrten uns den Rücken zu, blickten nach unten und drückten sich hinein, anstatt auf den zweiten Aufzug zwei Minuten zu warten.

Dies rief bei den Europäern wiederum Heiterkeit hervor. Sie kannten dieses Verhalten zur Genüge, eine rief – diesmal für mich wieder verständlich: „Yeah! Come in and let's have a party!“, was die Eingetretenen allerdings kaum beeindruckte.

15. Profis und Amateure 20/07/03

Für den Hemmer-Klausurenkurs[3] erstellte ich einmal einen Fall, in dem zwei russische Prostituierte, Olga und Elena, vorkamen. Da es ein Strafrechtsfall war, machten sich die beiden auch strafbar, was im Übrigen dem in der Rechtsprechung entschiedenen Originalfall entsprach. Als diese Klausur in Köln ausgegeben wurde, gingen in der Hemmerzentrale zwei Anrufe ein. Zwei russische Kursteilnehmerinnen beschwerten sich über die Diffamierung osteuropäischer Frauen. Der Klausurersteller würde sich eines Klischees bedienen und Osteuropäerinnen in einem negativen Licht darstellen. Sie drohten im Wiederholungsfalle mit der Abmeldung vom Haupt- und Klausurenkurs. Achim und Edmund[4], die den Anruf entgegennahmen, legten mir daraufhin einen Zettel in mein Fach, auf welchem vermerkt war: Bei der nächsten Klausur aufpassen! Hatten Ärger wegen „Russen"!

Für Achim und Edmund war die Angelegenheit beendet. Ich erwog indessen, einen Widerruf zu verfassen. In diesem würde ich die unglückliche Qualifizierung der Täterinnen als russische Prostituierte bedauern und ergänzend anführen: „Der Fall ist frei erfunden. Der Aufgabensteller ist davon überzeugt, dass es Prostituierte nicht gibt, zumindest keine osteuropäischen Prostituierten, jedenfalls aber keine osteuropäischen Prostituierten, die straffällig werden."

In der Zwischenzeit kann ich diese Überzeugung nicht mehr aufrechterhalten. Die obige Ergänzung wäre nach meinen gegenwärtigen Erkenntnissen zumindest insoweit zu berichtigen, als es außerhalb Japans keine osteuropäischen Prostituierten gibt. Japan betreffend haben sich die Indizien zu einer Erkenntnis erhärtet – Gegenteiliges kann ich nicht mehr guten Gewissens behaupten. Es ging damit los, dass in der Visastelle auffällig viele Anträge von

---

[3] Bei „Hemmer" handelt es sich um ein juristisches Repetitorium, das Jurastudenten auf das Examen vorbereitet.

[4] Die Gründer des Repetitoriums „Hemmer"

jungen, in Tokyo lebenden Frauen aus osteuropäischen Ländern eingingen, die einen Aufenthalt in Deutschland begehrten. Zunehmend kam ich zu der Überzeugung: In Japan muss die Filmbranche boomen, denn die Antragstellerinnen gaben im Kästchen „Beruf" fast ausschließlich „actress" an. Nachdem ich aber von einer Kennerin Tokyos erfuhr, die Antragstellerinnen wären regelmäßig im „Unterhaltungsgewerbe" tätig, kam mir der Gedanke, dass „actress" nicht zwingend unzutreffend ist: Sie üben das Schauspielern vielleicht nur – ohne mitlaufende Kamera.

Am Donnerstag das nächste Indiz: Mit einem deutschen Bekannten war ich in Roppongi, dem „Ausgeh- und In-Viertel", wie ein Reiseführer schreibt, unterwegs. Dort findet man neben großen und teuren Hotels auch ebenso teure Restaurants, Kneipen und Clubs. Die Personen, die man zu Gesicht bekommt, sind regelmäßig „durchgestylt" (auch diese Beschreibung wurde einem Reiseführer entnommen). Wir starteten in „Bernds Bar", wo an diesem Abend der Anteil der deutschen Gäste bei etwa 95 % lag. Auf Kosten des Hauses glühten wir mit vertrautem Weißbier vor. Währenddessen kamen wir überein, alsbald das „Gaspanic" aufzusuchen, eine der wenigen Lokalitäten, für die man keinen Eintritt zahlt und donnerstags für jeden Drink nur 400 Yen hinlegen muss – das sind gut drei Euro, für Tokyoter Verhältnisse ein Witz. Der Weg dorthin ist in Roppongi aber nicht so einfach, wie man vermuten könnte. Denn es gebe – so mein erfahrener Begleiter – zu viele „käufliche Büchsen", was dazu führe, dass es in ein paar Jahren nicht mehr das In-Viertel sein werde. Hier auf eine Nichtjapanerin zu stoßen, die „keine käufliche Büchse" sei, wäre eher selten.

Prompt wurden wir von jungen Damen angesprochen, die mit einer „Massage" locken wollten. Wir zogen lächelnd an ihnen vorbei; da stellte sich ein dunkelhäutiger großer Mann (offensichtlich nichtjapanischer Herkunft) in den Weg und bot uns gleich mehrere Frauen an. Er hatte zu diesem Zweck einen kleinen Katalog mitgebracht, der auch mit leicht bekleideten jungen Damen bebildert war. Mein deutscher Bekannter wollte ihn mit einem „No, thank you!" abwimmeln, was den Werbenden aber nicht abhielt, weiter seiner Tätigkeit zu frönen. Mein Begleiter schob ihn daraufhin mit einem sehr deutlichen „Thank you!“ zur Seite. Der Vorgang wiederholte sich ungezählte Male.

Das Gaspanic ist eine Mischung aus Pub und Disko, die Musik ist eher auf den westlichen Geschmack abgestimmt, weshalb wir den Großteil der Zeit auf der Tanzfläche zappelten. Zwischenzeitlich saßen wir am Rand der Theke, um zu beobachten und Sozialstudien zu betreiben. Neben mir saß anfangs ein stark alkoholisierter Europäer, der erst – frei von jedem Taktgefühl – zu der Musik laut in die Hände klatschte, was ihn in meinen Augen nicht sympathischer machte. Als er dann anfing, auf mein Knie zu klatschen, spürte ich, wie in mir das Aggressionspotenzial sprunghaft anstieg. Aber in den japanischen Lokalitäten arbeiten eben noch Profis: Eine junge, blonde, weibliche Bedienung kam, nahm ihn an der Hand, führte ihn zu dem hünenhaften schwarzen Türsteher, der den Gast etwas unsanft nach außen schob – der Türsteher tauchte erst nach fünf Minuten wieder auf, der Gast nicht mehr.
Mein Bekannter deutete daraufhin auf eine Gruppe junger Frauen, die an einem Tisch in unmittelbarer Nähe saß. „Das sind zwei Kolumbianerinnen und zwei Russinnen. Die schauen jetzt, tanzen dann einen an, von dem sie glauben, dass er sich darauf einlässt. Der wird heiß gemacht, und wenn er mit einer nach Hause will, sagt sie ihm: Ist aber nicht umsonst. Sie spekuliert dann darauf, dass er sich denkt: Die Kohle ist mir jetzt auch egal. Aber unter 500 Euro ist nicht.“ Auch dem Nichtkenner der Szene und Preiskategorien wird bewusst: Die Dienstleistungen, die hier erbracht werden, müssen sehr hochwertig sein.
Und natürlich wurde die Einschätzung des Bekannten sofort verifiziert. Zwei der Damen suchten sich jeweils einen männlichen Gast amerikanischer Herkunft. Sie tanzten sehr offenherzig. Es kam zu einem kurzen Gespräch, ein Paar verschwand, das andere löste sich nach dem Gespräch unverzüglich auf und die Verbliebene tanzte kurz darauf mit einem anderen Besucher. Unterdessen wechselte ich ein paar Worte mit der oben genannten blonden Bedienung. Auf Nachfrage erzählte sie mir, ihr Name sei OLGA (!!!), sie komme aus Polen und arbeite im Gaspanic seit einem Jahr. In

Tokyo lebe sie aber schon zwei Jahre. Ich fragte sie, was sie denn in dem ersten Jahr so gemacht beziehungsweise gearbeitet habe, und die Antwort war:
„Actress."

Am Abend des Folgetages trug sich noch ein japanischer Klassiker aus der Kategorie „Verständigung" zu. Im Stadtteil Ginza traf ich Thorsten und dessen Schwester Sina in der 300 Bar. Wie der Name der Bar vermuten lässt, kann man hier noch günstiger trinken.
Wir sahen über einen Bildschirm tonlos „Taxi driver" flimmern und staunten über die Jugendlichkeit von Robert de Niro, Harvey Keitel und Jodie Foster. Zu uns gesellten sich zwei junge Japaner. Ein weiterer wollte ebenfalls eine Konversation ins Rollen bringen. Er eröffnete mit den Worten: „Do you speak English? You like Japan?" Ich bejahte beides und fing an zu erzählen, wobei er stets eifrig nickte. Schließlich fragte ich ihn, wie lange er hier lebe. Er nickte stetig weiter. Das irritierte. Plötzlich merkte auch er, dass etwas nicht stimmte. Nach kurzem Zögern fragte er:
„Do you speak English? You like Japan?"
Ein kleines Déjà-vu ließ mich innehalten. So grauenvoll kann mein Vortrag nicht gewesen sein. Ich nickte ihm kurz zu und schilderte Sina den Vorgang. Sie lachte wissend und meinte, er habe ihr diese Fragen fünf Mal gestellt. Thorsten klinkte sich ein mit den Worten:
„Der Typ hat mich in fünf Minuten vorhin acht Mal gefragt: Do you speak English?"
Dieser Japaner war kein Profi.

16. Spy Sorge

21/07/2003

Gestern war ich im Kino. Das klingt verwunderlich, macht es doch wenig Sinn als Nichtjapaner, der etwa 20 japanische Wörter versteht – vorausgesetzt, sie werden langsam gesprochen, – einen japanischen Film anzuschauen. Es gab für mich aber verschiedene Gründe, es dennoch zu tun.

Zunächst wusste ich nicht, dass es sich um einen japanischen Film handelte. Ich ging – zugegeben ein wenig naiv – davon aus, Herr Martin, der den Vorschlag unterbreitet hatte, wolle eine amerikanische Originalversion anschauen. Die Japaner synchronisieren die meisten Filme nicht, sondern untertiteln sie nur, was den Trugschluss nahe legt, dass sie – wie etwa die Skandinavier – der englischen Sprache mächtig sind. Auf dem Weg zum Kino erfuhr ich dann aber, in dem Film werde nur zu 40% englisch gesprochen und zu 59,99% japanisch – zu den verbleibenden 0,01% später. Da mir aber zugleich ein großer Teil der Handlung des Films mitgeteilt wurde, empfand ich die vorgenannte Quotelung nicht sonderlich erschreckend.

Und auf Grund der Handlung bietet sich der Film für den deutschen Japanbesucher geradezu an; für den deutschen Japanbesucher, der an der Botschaft arbeitet, ist er ein Muss. In der japanisch-deutschen Produktion geht es um den Spion Richard Sorge, der als Sohn einer Russin und eines Deutschen in Baku (Aserbaidschan) das Licht der Welt erblickt. Er wächst in Berlin auf und zieht voller Enthusiasmus für die Deutschen in den ersten Weltkrieg. An der Westfront wird Sorge dreimal verwundet, mit dem Eisernen Kreuz ausgezeichnet, doch kehrt er enttäuscht nach Deutschland zurück und wendet sich fortan dem Kommunismus zu. Die Russen werben ihn als Spion an. Getarnt als Journalist lernt er in China den japanischen Journalisten Osaki kennen, der ihm – vom japanischen Imperialismus angewidert – Informationen über die Angriffspläne der Japaner verschafft. Die Russen schicken Sorge nach Tokyo. Er vernascht dort nicht nur die Gattin des an der Botschaft beschäftigten Militärattaches, sondern wird von diesem als profunder Kenner Japans direkt in die Botschaft geholt, was dazu führt, dass Sorge seinen Auftraggebern den geplanten Überfall der Deutschen auf Russland drei Tage vor der Realisierung zufunken kann.

Soweit die Infos zu dem Film. Der Vorführsaal mit über 1000 Plätzen wirkte auf mich, der eher Würzburger Kinos gewohnt ist, ein wenig erschlagend. Der Film selbst überraschte positiv. Zum Einen hatte ich bei Szenen, die beispielsweise den Kaiserpalast zeigten, einen starken Wiedererkennungseffekt. Aber auch die Umsetzung der realen Geschichte gelang. Hatte ich bisher nur gelesen, die Japaner würden das Thema Zweiter Weltkrieg tunlichst meiden, es verdrängen und – selbst oder gerade in Städten wie Hiroshima – betont gegenwartsbezogen leben, so wurde der japanische Imperialismus sehr kritisch dargestellt. Für Osaki, der sein Land verriet, gewann der Zuschauer Verständnis und Richard Sorge passte ebenfalls nicht in ein schwarz-weiß Muster. Vielmehr zeichnet der Film das Bild eines Idealisten, dessen Idealismus herb enttäuscht wird und zum Schluss Läuterung erfährt. Die Darstellung der Deutschen ist differenziert. Einerseits wird das Verhältnis Japans zu Deutschland mit einem Satz auf den Nenner gebracht: In dem Moment, als sich Japan auf die Seite Deutschlands stellte, endete sein Verhältnis zu England und den Vereinigten Staaten. Oder anders formuliert: Der Pakt mit Deutschland wendete schicksalsträchtig das Blatt zu Ungunsten Japans. Andererseits werden auch den Nazis, wie dem Botschafter und Freund Sorges, menschliche, bisweilen schon mitleidserregende Züge verliehen.

Der Anteil der deutschen Sprache in dem Film belief sich auf 0,01%. So sangen die Deutschen, überwiegend in Wehrmachts- oder SS-Uniformen gekleidet, unter dem zwischen Hakenkreuzfahnen stehenden Weihnachtsbaum „Stille Nacht, Heilige Nacht.“ Sprachen sie sonst untereinander englisch, wurde zur Begrüßung doch stets „Heil Hitler!“ gerufen.

17. Krank. – Hätte schlimmer kommen können... 22/07/03

Bereits am Sonntag Abend spürte ich sie kommen. Montag Morgen war es dann klar: Die bereits erwartete Postexamensinfektion hatte lange auf sich warten lassen. Jetzt war sie da.

Nach nunmehr eineinhalb fiebrig im Bett zugebrachten Tagen verlasse ich dieses allenfalls, um in der Botschaft anzurufen und mich zu entschuldigen. Die Angerufenen wie Herr Idashi oder Frau Ludwig zweifelten zunächst meine Identität an, kam ihnen doch meine Stimme sehr verfremdet vor.

Ungünstig, denke ich mir, hätte aber auch schlimmer kommen können: Mich hätte etwa eine SARS-Infektion heimsuchen können (wobei – eine solche lässt sich mit vollkommener Sicherheit gegenwärtig noch nicht ausschließen), oder – fast noch schlimmer – ich wäre während des Examens erkrankt.

Jedenfalls ändert ein derart fiebriger Zustand die Wahrnehmung. Ich verließ vorhin das Haus, um ein paar Sachen einzukaufen und zwei Postkarten aufzugeben. Auf dem Weg kam mir eine Japanerin aus der Nachbarschaft entgegen. Ohne weiter nachzudenken grüßte ich sie mit einem kurzen „'Tag!“, was sie sichtlich verwirrte. Meiner Herkunft entsprechend hätte ich auch ein „Grüß Gott!“ rufen können – der Erfolg wäre der gleiche gewesen. Auf mein nachgeschobenes „Konnichiwa“ hin nickte sie kurz zurück, nicht ohne einen Rest an Skepsis im Gesichtsausdruck zu bewahren.

Zwei Minuten später betrat ich das post-office, hielt meine Postkarten in die Höhe, sprach eine der vier hinter dem Schalter befindlichen Angestellten an mit „two postcards to Germany.“ Sie schaute mich lediglich fragend an. Eine andere kreuzte die Hände. „Closed?“ lautete meine Frage. Es war 17.10 Uhr. Mir fiel ein, dass das Postamt hier um 17 Uhr schließt, aber die Japaner nehmen es, kundenfreundlich wie sie sind, mit solchen Zeiten nicht so genau wie das Personal in Deutschland. Auch sonst unternehmen die Angestellten Anstrengungen, die einen Deutschen staunen lassen.

Ohne einen vorherigen Kauf getätigt zu haben, fragte ich zweimal Verkäufer nach dem Weg. Sie gaben mir Auskunft, sprinteten mir sodann fast 100 m hinterher, weil die Auskunft in ihren Augen zu ungenau war, und begleiteten mich schließlich ans Ziel.
Also ließ ich nicht locker. „But the door isn't closed." Jetzt schauten alle vier fragend. Hier war offensichtlich nichts mehr zu holen. „It's ok." Ich drehte mich um und ging, ohne ihnen das in Japan übliche Lächeln zuzuwerfen.
Im Bestreben, meiner Gesundheit etwas Gutes zu tun, sah ich mich nach Obst um. Im „Lawson", der japanischen Version von „Tegut" oder „Tengelmann", kostete eine – wie ein Präsent verpackte – Banane umgerechnet einen Euro. Das war es mir dann doch nicht wert. Also suchte ich weiter und wurde im nächsten Laden fündig: Fünf Bananen für unschlagbare 1,60 Euro. Bananen sind hier eindeutig noch das günstigste Obst. In dem einfachsten Laden werden vier verpackte Mandarinen für über drei Euro angeboten. Es lohnt sich in Japan also, gesund zu sein.
Kurz vor der Ankunft zu Hause kommt mir Nessie entgegengehüpft. Als es kürzlich regnete, saß sie auf einer circa zwei Meter hohen Mauer, wollte nicht mehr herunterspringen und ließ sich von mir herunterheben. Für einen außenstehenden Betrachter zweifelsohne ein lustiges Bild. Es erinnert mich an eine Katze in der Heimat, die ihre Besitzer so weit im Griff hatte, dass diese sie, auf ein forderndes Maunzen hin, auf einen Baum hoben und bei Bedarf wieder herunterholten.
Nessie betritt mit mir das Haus und setzt sich zuerst ins Katzenklo. Hm, denke ich mir, hätte sie ja auch die Stunden zuvor im Freien machen können, zumal sie am Morgen vor Verlassen des Hauses einen nicht unbeachtlichen Haufen ins Klo gesetzt hatte, so dass ich mich schon wunderte, was in so einer kleinen Katze alles steckt.
Hätte schlimmer kommen können, sinniere ich positiv, wenn sie sich etwa eine Wohnzimmerecke dafür ausgesucht hätte. Obwohl – ausschließen kann ich das jetzt noch nicht.

18. Lächle und sei froh.... (krank 2)

25/07/03

Als ich vor ziemlich genau acht Jahren antrat, meinen Wehrdienst in dem damals altehrwürdigen Lager Hammelburg zu leisten, sah ich nach einer Woche voller Entbehrungen und Schikanen, die unsere Ausbilder gezielt ausgeheckt hatten, in dem versteckten Winkel eines Kellers, in dem ein Seh- und Hörtest durchgeführt wurde, eine Tafel liegen. In diese war neben einem einfachen Bildchen folgender Spruch geritzt:
„Und aus dem Dunkel sprach eine Stimme zu mir:
Lächle und sei froh, es hätte schlimmer kommen können.
Und ich lächelte und war froh – und es kam schlimmer.“

Liest man derartiges in einer normalen Umgebung, so mag es nicht besonders witzig erscheinen. Derjenige, der im Moment des Lesens die Erfahrung teilt, findet es aber unglaublich komisch. Und jedes Mal, wenn ich an diesen Spruch in den folgenden Wochen dachte, erheiterte er das Gemüt aufs Neue.
Acht Jahre später war mir der Spruch wieder gegenwärtig. Nach einem kleinen Rückfall beschloss ich heute, doch einen Arzt aufzusuchen. In der – wie immer stark klimatisierten – U-Bahn kam mir der Gedanke, dass sich, würde die Fahrt noch länger dauern, eine ärztliche Behandlung jedenfalls lohne. Schließlich erreichte ich schwitzend und zugleich frierend das Medical Care Center, gegenüber dem – wirklich hässlichen – Tokyo Tower gelegen. Der deutsche Vertrauensarzt war an diesem Tag „off“ (of course), nur ein Dr. Marshall hatte Dienst; immerhin ein Arzt, der englisch sprach. Denn einem japanischen Arzt die Beschwerden zu schildern – das stellte ich mir ein wenig schwierig vor.
Nach zweiminütiger Wartezeit wurde ich aufgerufen. Das macht stutzig. Entweder, so denkt der Laie, ist dieser Arzt besonders schlecht oder besonders teuer. Die Einrichtung indizierte ganz klar letzteres.
Ich trat ein, er fragte: „Hello, what can I do for you?“

Er fragte dies in einem Oxford-English, das ebenfalls dafür sprach, dass die Patienten hier nicht herauskommen, ohne Federn zu lassen.
Während der Schilderung der Beschwerden und von mir bereits eingenommener Medikamente scribbelte er eifrig auf einem kleinen Papierblock. Abschließend äußerte ich den Wunsch, er möge mir „antibiotic“ verschreiben. Er nickte, hörte mich kurz ab, schaute in Hals und Ohren und entließ mich nach genau acht Minuten. Standard.
Die Rechnung: 14.300 Yen – für denjenigen, der im Umrechnen noch nicht so geübt ist wie ich: 110,- Euro. Das war aber noch nicht alles. Dazu kamen noch die Medikamente, das heißt Antibiotikum und Lutschbonbons für 2.200 Yen (noch mal über 30 Euro). Respekt, dachte ich mir; diese Stundenlöhne – oder besser Minutenlöhne – sind doch beachtlich. Fraglich bleibt, was passiert, wenn der Blinddarm entfernt werden muss oder, noch besser, eine Lebertransplantation ansteht. Muss der Japaner dann sein Haus an seinen Arbeitgeber und die Familie an nigerianische Sklavenhändler verkaufen? Fliegt er nach Korea, um die Operation dort vornehmen zu lassen oder bietet er im Gegenzug eine Spenderniere an, die er an den Höchstbietenden versteigert? Das Lohnniveau in Japan ist zwar wesentlich höher; ungeachtet dessen kostet Kranksein hier (noch) erheblich mehr als in Deutschland.
Zu Hause angekommen teilt mir die Referatsleiterin telefonisch mit, ein Großteil der Botschaft liege mittlerweile flach. Bleibt die Hoffnung, dass das Antibiotikum den Preis wert ist.

19. Summer camp 27/07/03

Die Botschaft wurde von einer großen japanischen Gesellschaft eingeladen, besser gesagt ein Vertreter der deutschen Botschaft wurde eingeladen, bei dem Abschlussfest eines Summer camps teilzunehmen. Das Camp wurde zum 16. Mal ausgerichtet und war darauf ausgerichtet, den Kindern von Mitarbeitern, die in anderen Ländern Filialen und Produktionsstätten des Unternehmens betrieben, in einer Woche die japanischen Kultur näher zu bringen. Darüber hinaus stand das Camp unter dem Motto: Making friends is a wonderful experience. 133 Kinder wurden von verschiedenen Kontinenten eingeflogen, und auch wenn die Eltern dieser Kinder mit Sicherheit nicht Fließbandarbeiter waren, von vorneherein also eine gewisse Selektion stattgefunden hatte, war das Camp – zumindest aus Kindersicht – ein voller Erfolg.

Nachdem ein Vorstandsmitglied den mit einem Sonderbus angekarrten acht Vertretern verschiedener Botschaften in Ikkuso-yu (nahe Gotemba) die Unternehmensgeschichte und Vielfalt wie Bedeutung der Produkte vorgestellt hatte, traf ich kurz vor der Ansprache des Präsidenten des Unternehmens das einzige deutsche Mädchen auf dem Camp. Sie erzählte mir, dass nur 13- beziehungsweise 14-Jährige eingeladen wurden, diese aber – wie sie selbst auch – sich ganz gut auf Englisch verständigen konnten und sie einen Höllenspaß hatte. Die Franzosen, die in unmittelbarer Nähe saßen, wirkten auch alles andere als verschüchtert, so dass ziemlich schnell klar wurde: Die „Kinder“ hier hatten die ganze Zeit über nicht nur Topfklopfen gespielt.

Die Ehrengäste, das heißt die Botschaftsvertreter, wurden einzeln vorgestellt, der Kelch, ein Grußwort sprechen zu müssen, zog an mir vorbei und vor der Schlacht am überaus üppigen Büffet kam die erste Drumdemonstration in dem perfekt angelegten Garten: Auf großen Trommeln tobten sich Trommelprofis beiderlei Geschlechts mit offensichtlich gut trainierten Schultern und Armen so aus, dass alle Besucher des Camps andächtig staunten. Dann essen, Ansprachen, Small talk, noch mal trommeln, Vorführungen

der Kinder, Dankesworte (zumeist auf Englisch) und schließlich die Verabschiedung, die noch ein wahres Highlight bereithielt.
Während ein Vorstandsmitglied mich nach meiner Herkunft fragte und mir von den deutschen Städten erzählte, die er bereits besucht hatte, machten sich vier weibliche Repräsentanten der Botschaften gleichzeitig auf, um vom Empfangszimmer aus eine Toilette zu suchen. Sie hatten sich, so der Anschein, dabei nicht abgesprochen, doch ist das Ritual des kollektiven Toilettenaufsuchens bei Frauen wohl auch in verschiedenen Kulturkreisen so verbreitet, dass hierbei eine nonverbale Kommunikation funktioniert. Das weitere Geschehen kann ich nur als Zeuge vom Hörensagen wiedergeben.
Die vier Frauen wurden von einer uniformierten Bediensteten zur Damentoilette begleitet. Diese war an einer aufgezeichneten Figur mit Rock von der gegenüber befindlichen Herrentoilette klar zu unterscheiden. Die erste Dame wollte die Tür öffnen, verspürte Widerstand und rüttelte schließlich mit aller Kraft, bis die Tür sich öffnete. Vor ihr saß ein Japaner, wild mit den Händen wedelnd bei Verrichtung seines Geschäfts und zog die Tür wieder zu. Die vier erschraken, überlegten sich wohl, ob sie sich aufs Männerklo verziehen sollten, als völlig aufgeregt die Bedienstete – vermutlich durch das Gerüttel und die Rufe des sitzenden Japaners alarmiert – herbeistürzte, um die Suchenden zu einer anderen Toilette zu geleiten. Diese war zwar unbesetzt, jedoch nur durch eine Glastür getrennt, so dass die Anwesenden quasi neben der sich Erleichternden standen.
Kichernd, gelöst, erleichtert und offensichtlich durch das gemeinsame Erlebnis verbunden, kehrten sie wieder zurück. Dass den Japanern, die so sehr nach Perfektionismus streben, dieser Zwischenfall furchtbar peinlich war, stand ihnen förmlich ins Gesicht geschrieben.
Der Bus konnte zurück fahren.

20. Flohzirkus und Feuerwerk 27/07/03

Um zu beschreiben, dass etwas besonders schwer fällt, zieht der mit altdeutschen Sprüchen Erfahrene gerne den Vergleich zu dem Hüten der Flöhe, die sich in dem gefüllten Sack befinden. Diesen Vergleich werde ich nicht mehr ziehen.

In der ersten Zeit wunderte ich mich bereits, wie aggressiv hier die Stechfliegen ans Werk gehen. Der Bereich um und insbesondere oberhalb meines Knöchels war übersät mit (vermeintlichen) Stichen. Letzten Donnerstag dann die grausige Entdeckung: Ich sichtete ein springendes Getier auf dem Teppichboden. Da Flöhe in zivilisierten Ländern bekanntlich nicht den Menschen, sondern Tiere als Wirt nehmen, fiel mein Verdacht sofort auf Nessie. Nach kurzer Durchsuchung ihres Fells um den Nacken wurde er bestätigt. Flöhe beißen Menschen allerdings auch dann, wenn der Wirt nicht mehr genug Nahrung bietet. Und da der Teppichboden eine wahre Brutstätte für die Sauger darstellt, brauchte die sprunghaft gewachsene Population mehr Blut, das sie sich von mir holte.

Ich scheute keine Mühen, um den Kampf zu gewinnen, und die Feinde sind auf dem Rückzug. Doch hatte ich zwischenzeitlich alle erdenklichen Horrorvisionen, und bei dem Anblick eines Fussels fängt es noch an zu jucken. Der auf diesem Gebiet Unerfahrene ahnt nicht einmal, welche Dimensionen ein solcher Kampf annimmt. Es kommt bisweilen vor, dass man die Augen öffnet, und das erste, was man zu Gesicht bekommt, ist ein hüpfender Floh – die Laune ist im Keller. Man forstet daraufhin den gesamten Teppich durch. Findet sich kein weiterer, kommt ein kleiner Gute-Laune-Schub, der sich mit der Entdeckung des nächsten Flohs schlagartig ins Gegenteil verkehrt. Man saugt, putzt und schäumt den Teppich ein, hält sich von der Katze fern, schiebt sie aus dem Haus, zählt die neu erworbenen Bisse, sucht die Kleider durch, wäscht sie, steckt sie ins Gefrierfach, holt sie am Folgetag heraus, merkt, dass man die Krawatte oder die Socken neben der Tiefkühlpizza vergessen hat, bangt um die Tragbarkeit der eingefrorenen Anzüge, steckt diese in einen eigenen, vermeintlich flohfreien

Raum, und entdeckt dann doch wieder einen schwarzen Punkt munter springen. Fast schon fiebrige Phantasien entstehen: Nessie wird von tausend Flöhen besetzt, gefangengenommen und an einen Teppich gebunden. Die Flöhe wollen sie erst gegen ein lebenslanges Wohnrecht freigeben. Oder: Drei Millionen ausgehungerte Flöhe warten abends darauf, dass ich endlich von der Arbeit heimkomme, um sich auf Nessie und mich zu stürzen. Dabei wetzen sie schon die Messer und feilen die Zähnchen.
Kam ich mir in den letzten Tagen auf Grund dieses Kampfes manchmal ein wenig verloren vor, so ließ mich die Umgebung, die ich aufsuchte, um dem Schlachtfeld gelegentlich zu entfliehen, bisweilen recht klein wirken. In Asakusa waren gestern, ohne dass ich damit rechnen konnte, Tausende unterwegs, um das Feuerwerk, das rund um das Viertel dargeboten wurde, zu bestaunen. Es handelte sich hierbei allerdings um kein gewöhnliches Feuerwerk, das die Zuschauer in ein momentanes Verzücken versetzt, sondern vielmehr um ein Sperrfeuer, das halbstündlich im Wechsel von verschiedenen Brücken aus abgeschossen wurde. Und ein solches Sperrfeuer durfte ich auch heute Abend aus dem 45. Stockwerk des „Rathauses“ Shinjukus bewundern. Dabei wurden an verschiedenen Orten vermutlich wieder so viele Raketen in den Himmel gejagt wie zu Hause Flöhe auf mich warten.

21. Wechsel 28/07/03

Neue Besen kehren gut. Wird dieser Satz zumeist in einem ganz anderen als dem Wortsinne gebraucht, so kam er mir heute aus diversen Gründen in den Kopf.
Zum Einen, weil ich heute die Wohnung wechsle und deshalb keine Katzenflöhe mehr zusammenkehren muss. Weiterhin wechsle ich in das Referat Kultur, wo interessantere Aufträge warten. Endlich vollzieht sich gerade noch ein weiterer Wechsel, nämlich der von der Regenzeit, die letzte Woche diesen Namen tatsächlich verdiente, zur Ich-weiß-gar-nicht-wie-heiß-es-noch-werden-kann-Zeit.
Und ein wechselhaftes Gefühl überkam mich heute, als ich nach der Mittagspause durch das Außentor wieder das Botschaftsgelände betreten wollte. Ich hatte die Nebentür schon fast durchschritten, da rief mich ein japanischer Sicherheitsbeamter zurück. Zuerst kam mir der Gedanke, dass er möglicherweise meinen Ausweis sehen möchte; ich wollte ihn schon zurechtweisen, ob er mich denn nach über einen Monat nicht wiedererkenne. Doch traf dies natürlich nicht zu. Der Bedienstete schickte sich gerade an, einem Landsmann zu helfen und zog mich in diesem Zusammenhang hinzu. Ich verstand auf Grund der Sprachbarriere erst nicht, auf was die beiden hinaus wollten. Der Hilfesuchende zog schließlich ein Papier hervor, auf dem die Texte verschiedener Nationalhymnen notiert und mit japanischer Lautschrift untertitelt waren. Der gute Mann deutete, unschwer zu erraten, auf das Deutschlandlied. Allerdings war von diesem nicht die dritte Strophe abgedruckt, sondern die erste.
Die beiden fingen das Brummen und Summen an. Allmählich wurde mir klar: Sie wollten die Melodie in Erfahrung bringen. Also summte ich ihnen, da sie mich – ihr eigenes Gebrumme unterbrechend – im Wechsel darum baten, diese vor. Am Ende angelangt, waren sie aber nicht zufrieden. Der Besucher wollte das Lied komplett einstudieren; genau zu diesem Zweck sollte ich es nun vorsingen. Ich wies unsere Ortskraft darauf hin, diese Strophe werde nicht mehr gesungen, sondern lediglich die dritte. Er nickte strah-

lend (wie das die Japaner bei solchen Gelegenheiten immer tun) und bat mich – nach Rücksprache mit seinem Landsmann – den vorliegenden Text vorzusingen. Wiederholt entgegnete ich, es wäre sehr problematisch, diesen Text zu äußern, da er vor dem Hintergrund der deutschen Vergangenheit einen nationalistischen Beigeschmack erhalte. Er nickte freudig, nahm wiederholt Rücksprache und bat mich abermals. Da sie mich flehend anblickten, setzte ich an, wich von der Vorlage aber insoweit ab, als ich meinen beiden Zuhörern den Anfang der dritten Strophe darbot. Der Besucher unterbrach mich sogleich. Er gab zu erkennen, das Ganze auf Tonband aufnehmen zu wollen. Prompt zauberte er ein modernes Diktiergerät hervor. Ich stutzte, fing ein weiteres Mal an und beide versuchten vergeblich, mit einzustimmen. Währenddessen stellte ich mir vor, was hätte passieren können, wäre ein anderer Deutscher beziehungsweise ein Botschaftsangehöriger vorbeikommen und hätte uns dreien zugehört, wie wir „Deutschland, Deutschland über alles (...) von der Etsch (...) bis an den Belt“ gesungen hätten. Möglicherweise war der Besucher auch nur ein sehr gut getarnter Journalist, der den Nachweis für rechtsextreme Strömungen an den Landesvertretungen erbringen wollte. Aber: Darauf fiel ich nicht herein!

Unterdessen war ich bei „für das deutsche Vaterland“ angekommen. Beide waren vor Freude außer sich und zeigten ihren Dank mittels unzähliger Verbeugungen. Dennoch hoffe ich, die Aufzeichnung wird niemals einem Deutschsprachigen in die Hände fallen.

22. Horror jenseits der Schmerzgrenze

30/07/03

Die letzte Woche hielt einige Überraschungen bereit, die meinen Aufenthalt nicht immer in einem sonnigen Licht erscheinen ließen. Die Nacht von Montag auf Dienstag aber erinnert an eine Prüfung Hiobs.

Ich zog an einem schwülen Abend um. Das Gepäck sorgte in Verbindung mit der Hitze dafür, dass mein Hemd Schweiß getränkt war. In meiner neuen Behausung angekommen, legte ich die geschleppten Sachen ab und begab mich auf den Balkon. Das Haus ist nicht nur nach japanischen Verhältnissen ein Prachtbau. Von dem Tokyoter Stararchitekten Tange unter der Prämisse der Ästhetik entworfen, stellt es auch ein Labyrinth dar, in dem man sich erst einmal zurechtfinden muss.

Das Geschehen, das sich dem kurzfristigen Besuch auf dem Balkon anschließt, gebe ich so sachlich wie möglich, ohne den Hauch einer Übertreibung wieder: Die Wirklichkeit ist grausam genug. Das erste Mal seit meinem Aufenthalt in Japan vergeht mir wirklich das Lachen.

Ich ziehe also die Tür zu, damit keine Stechfliegen in das Haus gelangen. Bei dem Versuch, es wieder zu betreten, der Schock: Die Tür wurde durch das Zuziehen verriegelt, sie kann von außen nicht mehr geöffnet werden. Ich rüttele mit aller Kraft – natürlich ohne Erfolg. In diesem Moment blitzen noch Gedanken und wage Hoffnungen auf, die in der Möglichkeit eines noch geöffneten Fensters wurzeln. Dann die ernüchternde Erkenntnis: Ich habe mich tatsächlich ausgesperrt. Es ist kurz nach 22.30, das heißt die U-Bahnen fahren nicht mehr lange. Das Einzige, was ich habe, ist mein Anzug und eine U-Bahnfahrkarte. ALLES andere ist eingeschlossen – inklusive Schlüssel für das Haus, in dem ich zuerst wohnte.

Ich renne also zur U-Bahnhaltestelle, steige in Hiroo aus, stürme zur Botschaft. Zu meiner Erleichterung hat Jörg, einer der drei abgeordneten Grenzschützer, zu dem ich noch den stärksten

Bezug habe, Dienst. „Ich stecke total in der Scheiße!" rufe ich ihm entgegen und frage, ob vielleicht in der Botschaft ein Ersatzschlüssel hinterlassen wurde. Der Wunschgedanke entpuppt sich als Illusion. Ich hetze in mein Büro, rufe von dort aus einen Freund des Hausinhabers an. Er teilt mir telefonisch die Nummer in Deutschland mit, unter der der im Heimaturlaub befindliche Eigentümer angeblich zu erreichen wäre. Jörg sagt mir kurz darauf, von der Botschaft aus könne man nicht nach Deutschland telefonieren. Er nimmt mich mit in seine Wohnung, gibt mir sein Telefon sowie seine Karte, ich wähle die Nummern, vergeblich. Keiner hebt ab. Wir laufen wieder zurück, suchen im Telefonbuch nach einem Schlüsseldienst. Da dort niemand englisch spricht, rufe ich einen Übersetzer gegen 23.30 Uhr an, erkläre ihm den Vorfall, bitte ihn, für mich bei dem Schlüsseldienst anzurufen. Nach einer viertel Stunde meldet er sich. Er braucht Informationen bezüglich der Tür. Das wiederholt sich etwa fünfmal. Das Ergebnis: Der Schlüsseldienst sieht keine Erfolgsaussichten in dem Vorhaben und empfiehlt ein Fenster einzuschlagen. Die weiteren Versuche, in Deutschland den Eigentümer zu erreichen, haben keinen Erfolg. Meine Kleider sind in der Wohnung, und die Katze muss am nächsten Tag versorgt werden. Mit einem Taxi (horrend teuer: in dieser Nacht fallen fast 100 Euro Taxikosten an) fahre ich zum Haus, versuche einen Polizisten zu erreichen, was nicht gelingt. Von dem Vorhaben, durch das Fenster einzusteigen, nehme ich wieder Abstand und fahre wieder mit dem Taxi zurück. Die Hemmschwelle ist zu hoch. Ich versuche weiterhin mit der Telefonnummer in Deutschland mein Glück. Ohne Erfolg. Gegen vier Uhr morgens der Entschluss: Ich muss in die Wohnung. Mit einem Hammer in der Hand fahre ich zum Haus, hole in einem Koban (einer Policebox) einen Polizisten, erkläre ihm so gut es geht, in „mein Haus" einbrechen zu müssen, da ich mich ausgesperrt hätte. Vor dem Haus die Suche nach dem besten, genauer gesagt billigsten Fenster. Nach kurzer Suche finde ich eines, das relativ dünn wirkt. Alle anderen erwecken den Respekt einflößenden Eindruck von Panzerglas oder sind offensichtlich mit einem Alarmsystem verbunden. Der weitere Ablauf spielt sich vor

meinen Augen wie eine Filmszene ab: Ich wickle ein Tuch um den Hammer und schlage auf die Scheibe. Sie hält. Ich schlage stärker dagegen. Sie springt. Ich schlage immer weiter, merke nicht, wie mir ein großes, scharfkantiges Stück Glas den Finger aufschneidet, realisiere später nur, eine Blutspur zu ziehen. Notdürftig verbinde ich meinen Finger, zeige dem Polizisten meinen Reisepass. Er merkt nicht, dass der Name dort mit dem auf dem Türschild nicht übereinstimmt. Über Funk bekommt er wohl eine Meldung von dem Einbruch. Er ruft jemanden an, gibt mir das Telefon. Ich bemühe mich, der Person am anderen Ende zu erklären, was vorgefallen ist. Sie versteht es nicht, ich gebe dem Polizisten das Handy. Er meint: „It's ok!" und verschwindet. Den Gedanken, einen Arzt aufzusuchen, verwerfe ich wieder: In Tokyo wird man vor 9 Uhr nicht behandelt, es gibt in den Kliniken meistens auch keine Notaufnahme (also niemals sich vor 9 Uhr verletzen). Ich rufe in der Botschaft an. Jörg sagt, dass er einen der Einheimischen bittet, einen Glaser zu verständigen. In weiteren Telefonaten erkläre ich den in der Botschaft für mich zuständigen Personen den Vorfall. Der Glaser kommt gegen halb 11. Für knapp 30.000 Yen setzt er eine neue Scheibe ein. Ich beseitige die Splitter, ziehe meinen Anzug an, mache mich gegen halb 12 auf den Weg ins Krankenhaus. Gegen 14 Uhr fahre ich zur Botschaft und nehme dort meine Arbeit auf. Shit happens.
Aber auch diese Geschichte lässt sich positiv abrunden: Der Sicherheitspalast ist nicht uneinnehmbar – und das beeindruckendste Haus, in dem ich je gewohnt habe.
Also, lächle und sei froh.....

23. Ehre und Individualität 31/07/2003

Anlässlich des kurz bevorstehenden Abschieds der Referatsleiterin lud sie gestern die sechs Mitarbeiter des Referats zu einem Mittagessen ein, welches aus zwei großen Pizzen, zwei mittelgroßen Salaten und vier Flaschen Orangensaft bestand, die in die Botschaft geliefert wurden. Man saß um den Schreibtisch zusammen, die Konversation verlief schleppend, bis Herr Idashi, unser japanischer Übersetzer, mich fragte, was ich vor meiner Tätigkeit in Tokyo gemacht hätte und danach zu tun gedenke. Von diesem Punkt aus kamen wir über mehrere Schlenker auf die Yakuza zu sprechen, das Drogenproblem in Japan, das nach Ansicht der anwesenden Japaner nur verdeckt wird, und gelangten schließlich zur Todesstrafe.
Die anwesenden Japaner waren sich einig, diese sei notwendig. Sie waren ferner davon überzeugt, das entspräche dem Willen des Großteils der japanischen Bevölkerung. Denn, um zum Tode verurteilt zu werden, reiche es nicht, eine andere Person umzubringen. Man müsse schon mehrere getötet oder zumindest einen besonders grausamen Mord begangen haben. Vorsichtig fragte ich nach, ob sich denn schon einmal im Nachhinein herausgestellt hätte, dass die hingerichtete Person doch nicht der Täter war. Die Anwesenden meinten, ein solcher Fall wäre zumindest noch nicht bekanntgegeben worden.
Missbilligend führte ein weiterer aus, einige der Verurteilten würden mit Rechtsmitteln den Prozess in die Länge ziehen, damit sie von der Vollstreckung verschont blieben. Auch würden Angeklagte in vielen Fällen Reue vortäuschen, um einer strengen Verurteilung zu entgehen. Im Gegenteil läge wirkliche Reue aber nur dann vor, wenn etwa ein Täter, dem wegen Totschlags eine lange Freiheitsstrafe drohe, im Prozess sage, er habe die Tat begangen, bereue sie und fordere deshalb für sich selbst die Todesstrafe.
Dies mag für den Nichtjapaner merkwürdig klingen; es entspricht aber, und hiervon bin ich nach Gesprächen mit mehreren Japanern überzeugt, dem verbreiteten Denken und einer bestimmten Auf-

fassung von Ehre. Das jämmerliche Bestreben, die eigene Haut um jeden Preis retten zu wollen, wird als schäbig empfunden.
Als ich mich vier Stunden später mit einem Deutschen unterhalte, der Japan nach eigenen Angaben mittlerweile seit 40 Jahren kennt, bestätigt er meinen gewonnenen Eindruck von der Regelkonformität der Japaner. Allerdings, so führt er aus, heiße das nicht, dass die Japaner nur als ein Kollektiv sozialer Wesen anzusehen seien. In Wahrheit wären es größere Individualisten als die Europäer, vielleicht die größten Individualisten überhaupt. Betrachte man beispielsweise japanische Reisegruppen genauer (was er einmal tat), so sei zu erkennen, dass die Japaner sich untereinander entgegen dem äußeren Anschein nicht kennen würden, sich auch nicht mit dem jeweils Mitreisenden auseinandersetzen wollen, weil sie überhaupt nicht an ihm interessiert seien. Und Entsprechendes gelte auch für den japanischen Alltag. Die Regeln, an die sie sich hielten, würden vor allem den Einzelnen davor schützen, dass der Staat oder eine andere Person in die Privatsphäre eindringe. Sie ließen sich deshalb auch selten eine Regung ihres Gefühlslebens anmerken, um in diesem unbehelligt zu bleiben. Das Resultat seien freier entwickelte Persönlichkeiten, die nach außen wie stille Wasser wirkten, in Wirklichkeit sehr komplex, bisweilen schon bizarr seien.
Die Kehrseite der Individualität ist die Gleichgültigkeit gegenüber anderen. Ich sehe am Abend manchmal Angetrunkene, die in der U-Bahn zu Boden stürzen. Dort liegend werden sie stets von den Umhersitzenden ignoriert. Der ausgeprägte Individualitätssinn führt auch dazu, dass die Einsamkeit vieler zu einer Depression führt, für die es im Japanischen einen eigenen Namen gibt.
Andererseits gibt es weniger Reibungspunkte zwischenmenschlicher Art. Man achtet darauf, den anderen nicht zu beeinträchtigen, da man selbst nicht beeinträchtigt werden will. Geringfügige Störungen des Privatbereichs werden toleriert. Bei massiven Störungen greift der Staat massiv ein – wie es die große Mehrheit der Bevölkerung auch befürwortet.

24. Waterfront 03/08/2003

Ein Ort, an dem man sich längere Zeit aufhält, gefällt einem so gut wie die Leute, mit denen man sich umgibt. Behaupte ich jetzt pauschal wie undifferenziert.

Mit Takeru, einem Freund (dessen Name ich vergessen beziehungsweise noch nie richtig verstanden habe) und Mark war ich in der 300-Bar verabredet, was wir schon vor zwei Wochen, als ich die drei aus dem Bekanntenkreis Thorstens das erste Mal traf, ausgemacht hatten. Vor der Bar angekommen, überlegte ich, wie Takeru denn eigentlich genau aussah – das Licht in der Kneipe ist nicht das beste, und als Mitteleuropäer sieht man die Japaner vermutlich weniger differenziert als es deren Landsmänner tun. Ich stand vor der Bar. Zwei junge Japaner, die meines Erachtens den beiden, mit denen ich mich treffen wollte, täuschend ähnlich sahen, näherten sich. Ich blickte sie an. Hierdurch wohl motiviert, kamen sie auf mich zu. Das müssen sie sein, dachte ich und begrüßte sie mit „Hi! Ah, fine, you're here."

Sie reagierten ebenso freundlich, machten aber Anstalten, an der Bar vorbeizuziehen. Ich wurde stutzig. Auf Nachfrage meinten sie, sie würden heute nicht in die 300-Bar gehen. O.k., dachte ich mir, doch nicht Takeru und Freund. Ich ging hinunter – in Tokyo befinden sich Kneipen wie Diskos entweder im Keller oder in den Obergeschossen – fand eine gähnende Leere vor und holte mir zwei Tickets. Zur Erklärung: Man zahlt die Drinks oder das Essen nicht bar, sondern holt sich 300 Yen-Tickets, was auch recht praktisch ist, da jedes Getränk wie jedes kleine Mahl 300 Yen kostet. Die Tickets tauschte ich gegen einen Cuba Libre sowie eine Portion Chips ein, stellte mich an einen Tisch und wartete.

Die japanische Pünktlichkeit soll sprichwörtlich sein, was ich aber zunehmend bezweifelte, war ich selbst doch schon zehn Minuten zu spät. Es kamen verschiedene Gäste. Eindeutig war zu erkennen, dass es sich nicht um die beiden Freunde handeln konnte. Schließlich kam eine Dreier-Gruppe hereinspaziert. Die beiden Ersten sahen Takeru und Freund sehr ähnlich, doch diesmal war ich vorsichtiger. Ich schaute sie an, wartete, bis sie mich begrüßten sowie meinen Vornamen nannten, was mir eine gewisse Sicherheit verlieh.

Zwei Drinks später tauchte Mark auf, kurz darauf Yaku, die Freundin Takerus. Der Abend nahm einen entspannten Verlauf, nach und nach vertrauten mir die Japaner ihre Geschichten an. Der Freund Takerus erzählte beispielsweise, er habe sich gestern von seiner bisherigen Freundin getrennt, da sie ihn regelmäßig geschlagen hätte (in diesem Moment erinnerte ich mich an Roberto, einem Rasta, der mir auf Jamaika erzählt hatte, er würde seine Freundin regelmäßig schlagen, weil sie das erwarte – von der Karibik zum Pazifik kehren sich offensichtlich die Verhältnisse um).

Auf meine Frage, wie lange dies denn angehalten habe, antwortete er: zwei Jahre. Nun wollte ich von Takeru wissen, ob er denn die Amazone kenne, was er verneinte. Das erschien mir wenig glaubhaft. Er meinte, er habe bisher nur ein Bild von ihr gesehen. Daraufhin sagte ich beiden, sie würden mir doch nur einen Bären aufbinden. Es könne doch nicht sein, dass ein Freund dem anderen über zwei Jahre hinweg nicht die Freundin vorstelle. Daraufhin meinte Takeru, das stimme, folglich beende er hiermit die Freundschaft.

Das weitere Gespräch mit den zweien, Mark und der Freundin Takerus, war noch recht witzig, auch wenn Mark bisweilen ins Japanische abdriftete und Yaku mir das Gesagte übersetzen musste. Gegen 23.15 Uhr bewegte ich mich gen Ginza-Station. In der sommerlich-warmen Nacht spielte an der großen Kreuzung 4-chome, umgeben von blinkenden Hochhäusern mit Riesenbildschirmen, ein begnadeter Saxophonist. Ich stellte mich noch kurz dazu und wunderte mich augenblicklich über das aufkommende Gefühl des Involviertseins. Die Selbstverständlichkeit verdrängte das Außenvorstehen des Neuankömmlings und Fremden.

Dieses Vertrautheitsgefühl setzt sich aber noch nicht vollends durch. Auf den Boden der Reizüberflutung wurde ich heute zurückgeholt, als ich mich aufmachte, „Waterfront“ zu besichtigen. Im Vergleich mit den vorherigen Wochen war es ein sehr heißer

Tag, und so bekam ich im Lawson als Draufgabe noch einen japanischen Fächer. In Europa würde man einen Mann, der sich zufächert – wohl nicht ganz zu Unrecht – argwöhnisch betrachten. Hier ist es Standard, was angesichts der Hitze sowie der Effizienz dieser Fächer zu begrüßen ist.
In Shinbashi stieg ich von der Yamanote Line in die Yurikamome-Line (Seemöwenlinie) um. Das erste Staunen stellt sich ein, wenn man nach dem Zugführer schaut: Man macht dies vergeblich. Die Züge werden computergesteuert, so dass bereits jetzt Assoziationen zu diversen scifi-movies ausgelöst werden. Die Bahn schwebt über die 800m-lange Rainbowbridge und stoppt an der ersten Inselstation Odaiba Kaihin Koen (Odaiba Seaside Park). „Inselstation?“ mag man sich fragen. Richtig. Das an sich klingt vielleicht noch nicht sonderlich spektakulär. Hinzu kommt aber, dass diese Insel, so groß sie auch ist, keine natürliche darstellt. Die Japaner beweisen einmal mehr, was man alles künstlich anlegen kann. Ich steige aus, finde vor meinen Augen einen Sandstrand, Surfer und Beachvolleyballfelder. Der komplette Strand wurde selbstredend auch künstlich angelegt.
Gerade findet ein internationales Beachvolleyballturnier statt, es spielen – wie ich an den lauten „Nippon! Nippon!“-Rufen erkennen kann – die Vertreter Japans gegen die zwei Köpfe größeren Norweger. Wohl auch bedingt durch die frenetischen Anfeuerungsrufe, gewinnen die Japaner den Satz. Mehr bekomme ich nicht mit.
Nach ein paar weiteren Schritten entlang des Strands erblickt man das nächste Wunderwerk aus japanischer Hand. Neben weiteren ungewöhnlichen Gebäuden – keines sieht hier konventionell aus – steht ein höchst futuristisches, in dem Fuji-TV seinen Sitz hat. In das Gebäude ist eine silbrige Riesenkugel eingelassen, der Komplex wird, so scheint es, durch große Gänge zusammengehalten. Der Blick fällt wie durch einen Torso hindurch. Es ergibt ein fast schon bizarres Bild, wenn Flugzeuge vom benachbarten Flughafen Haneda starten und man diese – wie durch ein Schlüsselloch – am Gebäude vorbeiziehen sieht.

An der Station Aomi erhält der Gesamteindruck noch schärfere Konturen. Man steigt aus und nähert sich Venus Fort, das unzählige teure Kleidungsgeschäfte beherbergt. Für sich betrachtet ist das nichts Außergewöhnliches. Bei Betreten des Komplexes wird es jedoch nicht nur schlagartig um zehn Grad kühler; man glaubt nach kurzer Zeit, an einem Abend durch eine norditalienische Stadt zu schlendern. Obwohl es gerade erst 14 Uhr ist, streife ich durch eine abgedunkelte Räumlichkeit unter einem künstlichen Abendhimmel. Die Fassaden sind in den oberen Stockwerken beleuchtet, man stößt auf kleine Plätze mit großen Brunnen und Statuen. Hinzu kommt, dass die Japaner sämtliche Stile miteinander verquicken. Vor einem Geschäft steht ein Porzellanhund, ein Schäferhundmischling, mit einem Fass um den Hals, wie es sonst nur Bernhardiner tragen. Auf einem großen Platz, der antik wirken soll, tanzen auf einer Bühne ein paar junge Japaner, die hier offensichtlich einen gewissen Bekanntheitsgrad haben: Denn davor tummeln sich etwa 800 junge Fans, die mit ihrem Gekreische einen Höllenlärm verursachen. Die drei Jungs und drei Mädchen auf der Bühne zappeln etwas vor, das an Albernheit schwer zu übertreffen ist. Zugegeben wirkt das Gehopse gepushter „Stars“ in Europa bisweilen auch recht merkwürdig. Hier aber ergibt die Mischung ein Bild des Grauens: Sie schrecken vor Balletschrittchen nicht zurück, gehen zu einem wilden beziehungsweise wirren Wedeln der Arme über und fangen sodann tatsächlich an, einen Schuhplattler zu zelebrieren, bis sie schließlich die Finger gefährlich verknoten. Die Fans fallen dabei fast in Ohnmacht. Gegenüber des Venus Forts steht das Megaweb, ein von Toyota eingerichteter mehrstöckiger „Showroom“, in dem Autos in Glasaufzügen auf und ab bewegt werden. Zudem gibt es Gelegenheit, in Simulatoren Rennen zu fahren. Mein Blick fällt auf zwei etwa vierjährige Mädchen, die in einem Fahrzeug sitzen, je einen Helm übergestülpt bekommen und in ihrer virtuellen Welt durchgeschüttelt werden. Vor dem Megaweb dreht sich ein 110 Meter hohes Riesenrad. Sollte ich in Zukunft über das Kiliani – Volksfest in Würzburg oder ein ähnliches Fest laufen und dort vor einem Riesenrad ein Schild mit den Lettern:

„Größtes Riesenrad der Welt“ vorfinden, werde ich die Betreiber lautstark als Lügner bezeichnen.
In unmittelbarer Nachbarschaft protzt Big Sight, eine neue Kongresshalle, die aus vier riesigen, auf dem Kopf stehenden Pyramiden besteht. Diese sehen aus, als wären sie in etwa 20 Meter hohe Glaspfeiler gerammt worden. Von einer Plattform im achten Stock aus hat man einen unvergleichbaren Blick auf die Skyline Shinjukus und die Piers.

25. Gauner 04/08/03

Der Sommer legt sich über Tokyo. Das wird – wie bereits erwähnt – an den stark steigenden Temperaturen wie an der sich zunehmend durchsetzenden Sonne deutlich, die nicht einmal mehr von dem sonst üblichen Dunst zurückgehalten wird. Auch akustisch ist der Sommer wahrnehmbar, sofern man sich in Parknähe aufhält und das laute Konzertgezirpe der Heuschrecken anhört.
Von Sonne, Hitze und den Heuschrecken des Arisgawakoen, des Parks neben der Botschaft, umgeben, nahm ich heute mein frisch im Lukus (die billige Alternative zum Lawson) erworbenes Mittagessen mit Stäbchen zu mir, stets beobachtet von kleinen neugierigen japanischen Kinder- oder hungrigen Taubenaugen.
Nach Beendigung meines Lunch und auf der Suche nach einem Mülleimer für die – in Japan so typische üppige – Verpackung hörte ich von einem Brückengeländer eine Stimme mir zurufen. Natürlich japanischer Herkunft – natürlich für mich unverständlich. Ich begrüßte den Herren, er nickte, wiederholte seinen Text. Auf mein „Sorry!?" hin sprang er auf, lief mit kurzen, schnellen Schritten vor mir weg und deutete auf eine verdeckte wie versteckte Stelle hinter einem Baum. Ich schaute ihn fragend an. Er zeigte auf meine Mülltüte, sodann auf die Stelle.
Das Schlitzohr wollte mir helfen und nahm dabei in Kauf, dass der Park versaut wird. Oder er dachte, gaijins wären von vorneherein zu jedem Umweltfrevel bereit. Lächelnd dankte ich ihm für den vorzüglichen Tipp, winkte und suchte weiter.
Zurück in der Botschaft fragte mich ein Botschaftsangehöriger nach einem Konsularfall, seit vorletzter Woche ein hiesiger Dauerbrenner: Ein Deutscher mittleren Alters kommt nach Japan, um Arbeit zu suchen. Er geht abends Joggen und stößt mit einer auf einem Rad entgegenkommenden Chinesin zusammen. Es kommt zu einer Rempelei. Sogleich stürzen mehrere Chinesen herbei und auf unseren Landsmann, ohne dass es dabei zu nennenswerten Verletzungen kommt. Das Ergebnis: Alle werden von der japanischen Polizei zunächst für zehn Tage in Haft genommen. Und obwohl

sich alle gegenseitig entschuldigen, knöpfen die Japaner allen Beteiligten jeweils 100.000,- Yen ab, bevor sie sie freilassen.
Unser deutscher Freund, der in Haft die Botschaft anbettelte, sie möge ihm doch das Geld für den Rückflug leihen, tauchte – sehr zum Ärger der involvierten Sachbearbeiter – nicht auf. Er brachte die Kollegen unter anderem mit der Äußerung zur Weißglut, er müsse jetzt erstmal ausschlafen und könne deshalb nicht vormittags bei der Botschaft antanzen.

26. Mittagspause 05/08/2003

Die tägliche Mittagspause gleicht einem kurzen Abstecher von der heimatlichen in die – mittlerweile zunehmend vertrauter werdende – japanische Welt. Man verlässt die innere Pforte, die mittags von einem der Ortskräfte bewacht wird. Und je nach Person erkennt man das Selbstverständnis des Japaners anhand der Verbeugung. Es ist mehr als ein bloßes Grüßen. Das Verbeugen drückt zugleich aus, in welchem Verhältnis man sich zu dem Gegenüber sieht. Beispielsweise – so wurde mir erzählt – verbeugt sich ein junger Universitätsprofessor vor dem Staatssekretär im rechten Winkel, während letzterer nur freundlich nickt, woran sofort die Hierarchie deutlich wird. Unterschiedlich ist die Technik der Ortskräfte. Ein Kollege verbeugt sich vor mir immer derart, dass ich manchmal befürchte, seine Stirn wird sogleich auf dem Tisch aufschlagen, andere nicken ähnlich lächelnd und lässig zurück, wie ich es tue.
Noch komplizierter als bei den Verbeugungen verhält es sich im Übrigen bei den Sitzordnungen: Es wäre ein grober Fehler, dem japanischen Gast den Platz an der Wand mit Blick auf das Fenster zuzuweisen. Das mag verwundern, ist es doch nach westlichem Verständnis viel schöner aus dem Fenster zu schauen als eine Wand anzustarren. Der Grund für diese Tradition: An der Wand befindet sich zumeist die Tür. Von der Tür droht regelmäßig die Gefahr, da Überfälle in Japan wohl früher häufiger derart ausgeführt wurden, dass der Angreifer – höflich wie er war – durch die Tür das Haus betrat (sozusagen mit der Tür ins Haus fiel), anstatt durch das Fenster einzusteigen. Der Gast aber soll den sichersten Platz haben. Ebenso ist der Gast bei Vorhandensein von Tischschmuck in dessen Nähe zu positionieren. Problematisch wird es freilich, wenn der Tischschmuck – aus welchen Gründen auch immer – in Wandnähe aufgebaut werden soll.

Ich holte mir heute eine große Portion Sushi, nahm sie mit in den Park und konnte die Verhaltensweisen japanischer Kindergartenkinder studieren. Eines mühte sich die Holzstufen hinauf und fiel bei jeder (wirklich jeder) Stufe hin. Zwei andere versuchten, auf dem Platz eine Art Baseball zu spielen, was derart ablief, dass sie mit dem Schläger, der aus einer großen zusammengerollten Zeitung bestand, einen Gummiball zu treffen suchten, was nicht gelang. Nach drei bis vier erfolglosen Versuchen warfen sie schließlich dem jeweils anderen den Ball zu. Da einer der beiden zukünftigen Yomiuri Giants aber nicht aufpasste, rollte der Ball einem Dritten vor die Füße. Der hob ihn auf, hielt in fest in seinen kleinen Händen und blieb steif stehen. Einer der beiden Spieler näherte sich und forderte ihn erfolglos zur Herausgabe auf. Der Spieler griff nach seiner Hand, doch wie eine Statue blieb der Ballbesitzer vollkommen versteift. Der andere verdrehte die Hand, in der sich das begehrte Objekt befand, hin und her, doch erreichte er nicht sein Ziel.

Die japanischen Kinder können sich dieser Beobachtung zufolge nicht richtig prügeln. Anstatt sich gegenseitig auf die Nase zu hauen, drehen sie sich im Kreis und schauen dabei apathisch. Beide würden ihren Tanz wohl jetzt noch fortsetzen, wäre nicht zwischenzeitlich ein Betreuer gekommen und hätte der Tonstatue den Ball aus der Hand gepult.

Auf dem Weg zurück überlege ich mir, was ich von diesem Aufenthalt mit nach Hause nehmen werde. Neben vielen Erinnerungen wohl auch das Gefühl, dass fast keine der Erfahrungen, die zunächst einen Schock hervorrufen, wirklich dramatisch sind. Nach einer turbulenten letzten Woche, sehe ich künftigen potentiellen Problemen mit einem Grinsen anstatt einem „was-kommt-denn-jetzt-noch-Gesicht“ entgegen.

Allerdings möchte ich mich mit diesem neu gewonnenen Optimismus nicht zu weit aus dem Fenster lehnen. Wie mein Onkel einmal sagte: Es muss nur dick genug kommen....

27. Verständigung 07/08/2003

Um einen circa zwei Zentimeter kleinen Riss in meiner Anzughose nähen zu lassen, suchte ich gestern eine Reinigung auf. Nach Angaben von Herrn Idashi werden in manchen dieser Geschäfte auch derartige Reparaturen ausgeführt. Auf dem Weg dorthin überlegte ich mir, wie ich möglicherweise eintretende Verständigungsschwierigkeiten meistern könnte. Denn, und das war mir von vorneherein klar, in diesem Fall würde es anders als in den Restaurants nicht genügen, auf ein Gericht zu zeigen, das in der Speisekarte steht, oder einfach nur „Raamen“ zu sagen. Die Schwierigkeiten wären bereits dann vorprogrammiert, sobald der japanische Dienstleister Rückfragen stellen würde.

Das Schild „Cleaning“, das außen an dem Geschäft angebracht war, vermittelte Mut, was sich aber sogleich als Illusion erwies. Mit einem „Hello!“ betrat ich den Laden, um keine falschen Vorstellungen zu wecken.

Ich legte die Hose auf den Tisch und zeigte auf die Stelle. Die Japanerin auf der anderen Seite runzelte die Stirn. Sogleich fing sie munter an, auf Japanisch drauflos zu plappern. Um nicht unhöflich aufzufallen, ließ ich sie reden, nickte hin und wieder. Am Ende des Monologs schaute sie mich an. Die letzten Worte hatte sie mit einer Anhebung der Stimme verbunden, einem starken Indiz dafür, dass sie eine Frage gestellt hatte.

Ich zuckte mit den Schultern. „So, would you repair it?“ fragte ich, deutete auf den Riss und fügte ihn mit der Hand zusammen. Sie blickte mich an. Daraufhin machte ich mit der Hand eine Bewegung, die das Nähen symbolisieren sollte. Von ihr kam lediglich das obligatorische „hai.“

In dem Moment keimte in mir ein wenig Hoffnung auf, dass „hai“ in diesem Fall ausnahmsweise einmal „ja“ bedeutete.

Es folgte eine kurze Pause. Ich deutete noch einmal auf den Riss. Sie holte Luft und gab die komplette Erklärung von vorne ab – auf Japanisch. Langsam wirkte in mir eine gewisse Zermürbung. Sie

nahm die Hose an sich, in irgendeinem ihrer Worte tauchte auch „clean" auf.
Ja, gereinigt hätte ich sie natürlich auch gern. Ich nickte. Sie erzählte wieder irgend etwas, zeigte den Zeigefinger und spreizte kurz darauf den Mittelfinger dazu. Wie „erstens, zweitens". Hoffnung. Möglicherweise wollte sie sagen: erstens: Nähen; zweitens: Reinigen. Voller Freude rutschte mir jetzt ein „hai" im Sinne eines überzeugten „Ja!" heraus.
Wahrscheinlich war der Wunsch Vater des Gedanken, denn als es ans Bezahlen ging, kam der erstaunlich niedrige Betrag von 480 Yen heraus (das ist weniger als mein Abendessen aus dem Lawson kostet). Aber noch gebe ich die Hoffnung nicht auf, die Hose genäht zurückzuerhalten. Ich vertraue auf den japanischen Perfektionismus.

Glücklicherweise funktioniert in anderen Bereichen die nonverbale Kommunikation hervorragend. Als ich mich heute auf den Weg zur Botschaft machte, merkte ich bereits an der Station Oyamadai, dass sehr viele Personen unterwegs waren. Naturgemäß steigert sich das an der Station Jiyugaoka, da hier ein kleiner Knotenpunkt liegt. Meine Vermutung traf zu. Als ich die Treppen zum Bahnsteig erklomm, fuhr ein vollgestopfter Zug gerade ab. Voller Erwartung sah ich dem folgenden entgegen, der vier Minuten später eintraf. Er war voll besetzt. Die Leute in den Abteilen standen bereits dichtgedrängt, jedoch stiegen nur fünf Personen an der vor mir liegenden Tür aus. Ihnen standen ungefähr 20 Personen gegenüber, die den Zug entern wollten. Ich hatte einen der vorderen Stehplätze, eine kleine pole position sozusagen, und fand mich, ohne viel dazu beizutragen, sogleich im Inneren des Zugs wieder. Dabei spürte ich, wie der Druck von außen merklich erhöht wurde. Es ist faszinierend: Der Druck, der von den Schiebenden ausgeübt wird, ist genau so stark, dass auch der letzte Außenstehende noch in den Zug kommt. Und zwar auf die Zehntelsekunde, in der die Tür automatisch schließt. Dabei ist keine Spur von Aggressivität bemerkbar, zumindest keine offenkundige. Ich stehe so eingepfercht, dass ich mir mit meinen Händen nicht mehr an die Nase fassen könnte.

In diesem Moment fallen mir Geschichten von sogenannten U-Bahn-Grabschern ein, die angeblich diese dichtgedrängte Situation ausnutzen, um unbehelligt das andere (meist weibliche) Geschlecht zu befingern. Ich schaue mich um; um mich herum stehen nur Männer, also bleibe ich verschont.

Unwillkürlich kommt mir die Legehennenverordnung in den Sinn. Unwissend, ob auch in Japan eine entsprechende Regelung existiert, gehe ich davon aus, dass die Japaner hierfür keinen Bedarf sehen dürften. Die hohe Konzentration von Lebewesen auf engstem Raum entspricht ihrem Selbstverständnis.

Die Bahn setzt sich in Bewegung. Sobald sie eine kleine Schräglage einnimmt, kippen alle stehenden Insassen nach links oder rechts. Es ist nicht möglich, die Schwankungen durch kleine Schrittchen auszugleichen und so schwanken alle Körper unisono hin und her. Drei Köpfe weiter steht ein Japaner nahe der Wand, er versucht seinen Körper abzustützen. Nach der Hälfte der Wegstrecke fangen seine Arme bereits das Zittern an, er hat also seine Art von Frühsport.

Mittlerweile wird es insbesondere auf Grund der Körperwärme der Anwesenden so warm, dass fast allen der Schweiß auf der Stirn steht.

Der Zug hält in Nakameguro. Im Sog werde ich nach außen geschoben beziehungsweise gezogen. Der Tag kann beginnen.

28. Wetter 09/08/2003

In Deutschland erzwingt der Sommer das, was die Grünen seit ihrer Gründungszeit nicht zu bewirken vermochten: Die Abschaltung einzelner Atomkraftwerke. In Japan verzeichnen viele Konzerne Verluste, weil infolge des „kalten“ Sommers deutlich weniger Klimaanlagen verkauft werden. Würde ich diese Seite Japans nicht kennen, empfände ich die globale Erwärmung jetzt noch Besorgnis erregender.

Das Wetter hier ist für die Bewohner ein beliebtes Gesprächsthema. Die Hälfte der Gespräche, die ich bisher mit einem der japanischen Sicherheitskräfte führte, drehte sich darum. Egal, ob er mich fragt, ob ich heute wirklich keinen Regenschirm in der Botschaft vergessen hätte, oder er sich demonstrativ den Schweiß von der Stirn wischt – sofort ist man mitten in einem kleinen Plausch.

Gestern Morgen stellte die Leiterin des Sprachendienstes, gerade als ich ankam, ihr Fahrrad auf einem überdachten Stellplatz ab, auf dem sonst nur Pkws stehen. Meine belanglos dahingestellte Frage nach dem Grund erwiderte sie mit dem Hinweis auf den bevorstehenden Taifun.

Aha, staunte ich im Stillen, was sie schon wieder alles weiß. Ich hatte noch nichts davon gehört. Sie erzählte weiter, der Taifun bewege sich gerade auf Kyushu zu, wo vor kurzer Zeit erst ein heftiges Unwetter gewütet hätte. Die Erde sei dort aufgeweicht, was den Taifun noch gefährlicher mache. Man könne aber nicht absehen, inwieweit Tokyo in Mitleidenschaft gezogen werde.

Ich verabschiedete mich, betrat das Büro und sprach nach kurzer Begrüßung wissend zu Frau Brehm, mit der ich zur Zeit das Büro teile: „Wissen Sie, dass heute ein Taifun kommt?“

Beinahe verblüfft blickte sie mich an: „Ja natürlich. Wussten Sie das etwa nicht? Das hört man doch überall!“

Und sich weiter an meiner Ignoranz labend, fügte sie dazu: „Das ist doch jetzt der Zehnte in diesem Jahr.“

In Japan zählt man die Taifune. Beschämt wollte ich das Thema nicht weiter vertiefen, doch erfuhr ich jetzt, wie häufig Taifune wo

vorkommen, und welche Schäden sie schon angerichtet hatten. Der Vortrag war zu Ende, da sah ich bereits aus dem Fenster spähend, wie sich der Himmel zusammenzog. Ich war gespannt.
Der weitere Vormittag verlief ruhig. Es regnete zwar bisweilen recht heftig, ich kam aber trotzdem halbwegs trockenen Fußes nach Hause. Der Taifun kündigte sich durch heftigen Wind an. Gegen Nachmittag konnte ich bestaunen, wie weit sich Bäume biegen können, ohne dabei zu brechen. Und mit dem Wind geht in aller Regel auch starker Regen einher. Tokyo kam aber nur in den Genuss der Ausläufer des Taifuns. Ich war enttäuscht, wobei ich nicht bestreiten möchte, dass dies mit den dicken Mauern des von mir bewohnten Sicherheitspalastes zusammenhängt. Um es mit den Worten Marks zu sagen, der mich gestern besuchte, um mit mir hier im Kellerkino die Originalversion von „Reservoir Dogs" zu schauen: „Sebastian, this is a fortress! This is Tange!"

29. Und es funktioniert doch... 09/08/2003

Japan ist nach den USA die Wirtschaftsmacht. Die Deutschen, die ich hier kenne, scheint das sehr zu wundern, und je länger ich hier bin, desto mehr verblüfft es mich auch.

Als ich die inzwischen abgereiste ehemalige Leiterin der Abteilung Rechts- und Konsularwesen fragte, ob sie Japan künftig im Rahmen einer Urlaubsreise besuchen werde, entgegnete sie: „Urlaub? Hier? Nein, das ist viel zu umständlich. Bis Sie hier etwas buchen, ist der Urlaub vorbei. Die Japaner sind so umständlich."

Japan ist auf Touristen offensichtlich nicht angewiesen. Aber die angesprochene Umständlichkeit schlägt auf diverse Bereiche nieder. Beim Einkaufen etwa muss man als umweltbewusster Mitteleuropäer schmerzhaft feststellen, wie der Kaufgegenstand stets in zahlreiche Verpackungsschichten eingehüllt wird. Ein vernünftiger Grund für diese Praxis ist für mich nicht erkennbar. Der einzige Vorteil liegt darin, dass ich mich nicht um die Anschaffung von Mülltüten sorgen muss, da jeder noch so kleine Gegenstand regelmäßig in zwei Plastiktüten gesteckt wird. Andererseits benötigt man wöchentlich auch eine Vielzahl derartiger Tüten, um das restliche Verpackungsmaterial zu entsorgen.

Herr Weiß aus der Wirtschaftsabteilung erzählte mir gestern eine Geschichte, die die japanische Kunst des Verkomplizierens noch deutlicher unterstreicht. Er ging in eine Bank, tätigte einige Überweisungen und hob Geld ab. Man gab ihm am Schalter eine 5000-Yen-Note. Er nahm diese in die Hand, als ihm einfiel, dass er einen 1000-Yen-Schein brauchte. Also fragte er die Schalterbeamtin, ob sie ihm den 5000-Yen-Schein nicht wechseln könne.

„Of course!" meinte diese, holte ein Formular im DIN A 4-Format heraus, füllte die Lücken im Formular mit ihrem Namen, dem des Kunden, dessen Adresse, Kontonummer und weiteren Daten aus. Das Formular wurde an zwei Stellen von beiden unterzeichnet, sie behielt das Original für sich, ihm wurde ein Durchschlag <u>und</u> (man mag es nicht glauben) fünf 1000-Yen-Scheine im Wechsel für den 5000 – Yen-Schein ausgehändigt.

Man kann sich vorstellen, welch bürokratischen Aufwand die Eröffnung eines Kontos erfordert.

Neben der Bürokratie gibt es noch mehrere Faktoren, die die Wirtschaftsmacht Japans schwer begreifbar machen. Gleich in welches Geschäft oder welche Institution man kommt: Fortwährend wird der Eindruck vermittelt, in Japan finde kein Stellenabbau statt. Stets ist eine große Anzahl von Arbeitnehmern vorhanden – und dies bei vergleichsweise hohen Löhnen.

Ein Umstand, der die Wirtschaftskraft hingegen zu begründen vermag, ist die Verbundenheit zwischen Unternehmen und Beschäftigten. Ich habe gelesen, dass kaum ein Arbeitnehmer den – bereits sehr kurzen – Jahresurlaub ausschöpft, vielmehr freiwillig weiterarbeitet. Auch fröne der japanische Angestellte im Hinblick auf die eigenen Interessen weder dem Minimal- noch dem Maximalprinzip.

30. Mark

09/08/2003

Vor drei Wochen lernte ich in der 300-Bar Mark kennen. Und da es sich um einen außergewöhnlichen, jedenfalls aber nicht langweiligen, Menschen handelt, ist er eine eigene Überschrift wert. Mark ist Amerikaner, genauer gesagt, US-Amerikaner beziehungsweise – um ganz genau zu sein – US-Amerikaner aus dem Staate New York.

Angesichts seines jugendlichen Grinsens und seiner Wortwahl war ich recht verblüfft, als er mir erzählte, er sei 39 Jahre alt. Noch erstaunter war ich angesichts der Tatsache, dass er zwei Töchter hat, von denen eine bereits volljährig ist:

„Sebastian" sagte er – er leitet Sätze häufig mit dem Vornamen des Angesprochenen ein; das mache ich bisweilen bei Personen, die ich nicht sonderlich gut kenne, um mit einer gewissen Ironie ein nicht vorhandenes Vertrautsein zu signalisieren – „when I had your age, I had two daughters. What about you?".

„I've four sons" wollte ich schon sagen, da fiel mir ein, dass ich mein Alter bisher noch nicht erwähnt hatte.

„But I'm just 27." antwortete ich also stattdessen.

„Oh, sorry, I thought you're at least 29."

Na toll, vor allem „at least".

„So, you got your second daughter in the age of 29?"

„Yes."

„But did you get married? You're married, aren't you?"

„Of course" (so natürlich ist das meines Erachtens nun auch wieder nicht), „I married very early."

Das genaue Alter rückt er nicht raus, dafür kramt er aus dem Geldbeutel ein Schwarz-weiß-Bild – in der Tat nicht mehr das neueste – auf dem neben einer Frau ein Mann steht, der gewisse Ähnlichkeit mit Mark hat.

„Oh, that's nice. She's beautiful."

Wenn ich mit Mark beziehungsweise einem Amerikaner ein Gespräch führe, nehme ich deren Sprachmelodik an. Das vollzieht sich zunächst unbewusst. Plötzlich fällt mir dann aber auf, wie lang bestimmte Vokale gedehnt werden und wie extrem sich die Stimme verändert, wenn ich sie in ungewohnte Höhen ziehe. Es klingt nach amerikanischen Teenagern, die sich über Belanglosigkeiten unterhalten, dabei aber dem Gespräch Dramatik verleihen wollen. Dabei sehe ich Britney Spears vor mir, die affektiert mit Rosaschleifchen im Haar mit ihren Freundinnen giggelt.

Mark wirkt nicht unbedingt oberflächlich, aus dem amerikanischen Singsang kommt er aber nicht heraus. Und ich natürlich auch nicht. Gestern stand er dann mit dem Video von „Reservoir Dogs“ vor der Tür. Er klingelte nicht, sondern klapperte mit den Fingernägeln an die Tür.

Gerade von der Toilette kommend fragte ich nur: „Mark?“

„Oh, yeah, Sebastian, it's me!“ rief er, weiter mit den Fingern an der Stahltür schabend.

„Oh, Sebastian, that's fantastic.“

Damit meinte er das Haus, nachdem er einen Blick in die Eingangshalle geworfen hatte. Danach folgten noch einige „Wow! Oh! Sebastian!“, die sich bei Betreten des Kellerkinos häuften.

Nach dem Film unterhielten wir uns noch über unsere Beschäftigung in Japan beziehungsweise das Leben davor.

Mark ist Informatiker. Er lebte vor fünf Jahren schon einmal in Tokyo, kehrte vor einem Jahr in die Staaten zurück, kam aber vor zwei Monaten wieder, um hier zu arbeiten. Seine Frau bleibt vorerst bei den Töchtern, wird dann aber nachziehen. Auf mich wirkt er wie ein großer Junge, der noch sehr flexibel ist, keinesfalls aber wie ein 39-Jähriger. Die amerikanischen Klischees erfüllt er im Übrigen nicht, zumindest ließ er einige politische Anmerkungen fallen, die differenziert klangen.

31. Littbarski und der Auswärtige Dienst

10/08/2003

Der Tag begann sehr friedlich. Der Taifun hatte die Wolken weggezogen, weshalb man – ausnahmsweise – auch in Tokyo einen strahlend blauen Himmel zu erkennen vermochte.

Herr Heim fragte Naomi, unsere „halbjapanische“ Referendarin die seit kurzem hier ist, und mich am Vormittag, ob wir zusammen zu Mittag essen. Ich sagte dankbar zu, ging um Punkt eins in deren Büro und hielt noch einen kleinen Plausch mit Herrn Idashi. Dabei teilte ich ihm die neuesten Erfahrungen mit, die ich in den japanischen Cleaning-Läden gesammelt hatte: Motiviert durch den niedrigen Preis in Höhe von 480 Yen, der – wie ich glaubte – für Reinigung **und** Reparatur der Hose verlangt wurde, hatte ich vorgestern gleich die nächste Hose zur Reinigung gebracht – ausschließlich zur Reinigung. Und wieviel knöpfte die gute Frau mir ab: 600 Yen. Ich verstand die Welt nicht mehr.

Von dieser paradoxen Praxis setzte ich Herrn Idashi in Kenntnis, der sofort zum Hörer griff und in dem Geschäft anrief. Er grinste, legte dann den Hörer auf und meinte lapidar: „Ist in Ordnung.“

„Wie?“ fragte ich.

„Ja also, 480 Yen nur für die Reinigung. Kosten für Reparatur kommen noch dazu.“

„O.k., aber warum dann verschiedene Preise für die Reinigung?“ (Wenn ich mit Japanern deutsch spreche, verwende ich zunehmend das Stilmittel der Ellipse – wie es die Japaner auch gerne tun.)

Er lachte: „Ja, das ist so: wenn sie mittwochs in dieses Geschäft gehen, ist alles um 120 Yen billiger. Bei mir zu Hause ist am 10. und 20. jeden Monats alles um 100 Yen billiger.“

Während ich noch über dieses System sinnierte, unterbrach er meine Gedanken: „Kennen Sie Littbarski?“

Ich dachte an den kleinen Fußballer mit den markanten O-Beinen und dem Vornamen Pierre, der damals mit Toni Schumacher für den 1. FC Köln spielte und dessen Bild ich in ein Sammelalbum der WM 1986 in Mexiko geklebt hatte.

Aber wo bitte war hier der Zusammenhang zu den Gepflogenheiten der japanischen Reinigungsgeschäfte?
Ich sah Herrn Idashi fragend an.
„Sie meinen....den Fußballer?"
„Ja."
„Ja" – das heißt, ich kannte ihn, aber der Zusammenhang leuchtete mir noch immer nicht ein.
„Da ist er." Sprach Herr Idashi und nickte in Richtung Schalter. Und da, zwei Meter von mir entfernt, getrennt durch eine Glasscheibe, saß er. Er, dessen Name mich als Kind immer nervös machte, als ich jeden Samstag Nachmittag ab 16 Uhr „Heute im Stadion" auf Bayern 1 hörte und als eingefleischter Bayern Fan, der ich damals war, darauf hoffte, dass die – damals noch starken – Kölner verlören, was dann aber dank Littbarski und Schumacher häufig leider nicht der Fall war. Er saß da und füllte einen Antrag aus.
„Ja", erzählt Herr Idashi weiter, „er spielte mal für eine japanische Mannschaft, hat dann eine japanische Frau geheiratet und lebt jetzt hier."
Mein Gott, hätte mir damals, als ich gerade mal zehn Jahre alt war, jemand erzählt, dass ich 17 Jahre später, an der Deutschen Botschaft in Tokyo arbeitend, gerade der Wirtschaftsabteilung zugeteilt, den RK[5]-Bereich betretend, um mit einem Diplomaten Essen zu gehen, nach einem Gespräch mit dem Übersetzer über japanische Reinigungen, PIERRE LITTBARSKI sehe, wie er zwei Meter von mir entfernt ein Formular der Botschaft ausfüllt – ich glaube, ich wäre auf der Stelle zum 1. FC Köln übergeschwenkt und Geißbock geworden.
Da das aber nicht der Fall war, konnte ich als Kind mit den Bayern noch viele Titel feiern, anstatt mit den Kölnern später ständig um den Klassenerhalt zu fiebern oder mich hin und wieder am Wiederaufstieg zu erfreuen.
Noch fasziniert und in die Vergangenheit zurückversetzt, unterhalte ich mich mit Herrn Heim, der mir auf dem Weg zum Lokal er-

[5] Rechts- und Konsularwesen

zählt, hier hätten schon die außergewöhnlichsten Sportler am Schalter gesessen. Da war zum Beispiel ein deutscher Sumoringer, der bei einem großen Turnier die Silbermedaille gewann und danach seinen Reisepass verlor. Er brauchte einen neuen Pass, weshalb er die RK- Abteilung der Botschaft aufsuchen musste. Nur hat ein echter Sumoringer mit zusätzlichen Tücken des Alltags zu kämpfen, wie etwa dem Stuhl vor dem Schalter. Herr Heim meint, es wäre schon ein skurriles Bild gewesen: Der Sumoringer musste sich stets mit beiden Armen aufstützen, um nicht vom Stuhl zu fallen beziehungsweise diesen durch bloßes Sitzen zu zerstören.

Wir steuern gemeinsam zielstrebig auf ein teures Lokal zu, und die Hoffnung, eingeladen zu werden, bestätigt sich sogleich. Zwischen und während Appetizer, main dish und Espresso, vernehme ich die haarsträubendsten Geschichten, die man im Chad, in Saudi-Arabien sowie Jordanien erleben kann: Während sich das erst genannte Land durch eine exorbitant hohe wie gnadenlose Kriminalität auszeichnet, sind für das zweit genannte teilweise mittelalterliche Strukturen kennzeichnend. Und in Jordanien muss das Leben – jedenfalls bei Ausbruch des ersten Irakkrieges – ebenfalls abenteuerlich gewesen sein.

Wer im Auswärtigen Dienst arbeitet, kann also ein paar nette Geschichten erzählen; das Preissystem der japanischen Cleaning-Shops und die Begegnung mit einem Ex-Kölner zählen noch nicht zu den höheren Weihen.

32. Korrektur 15/08/2003

Frau Brehm aus der Wirtschaftsabteilung las einige meiner Geschichten.
„Ja“, sagte sie, „die sind ja sehr unterhaltsam. Aber, das mit dem Schmatzen und Schlürfen, das ist hier so üblich. Das darf man nicht falsch verstehen. Ich finde, die Japaner kommen in ihren Geschichten nicht gut weg.“
Ob sie da wohl sehr besorgt sei, fragte ich. Sie bejahte.
Aus gegebenen Anlass erfolgt heute eine Korrektur oder eine Ergänzung des bisher geschaffenen Bildes, welche die Japaner, verglichen mit den Deutschen, in einem anderen, geradezu sympathischen Licht erscheinen lässt.
Herr Weiß aus der Wirtschaftsabteilung, ein passionierter Raucher, steckte sich heute Morgen nach Verlassen der U-Bahnstation eine Zigarette an. Ohne Unrechtsbewusstsein machte er das in einer Rauchverbotszone, was in Japan eine Ordnungswidrigkeit darstellt, die grundsätzlich mit 2.000 Yen geahndet wird. Er kam an einer Fußgängerampel, die direkt vor einem Koban installiert ist, zum Stehen, und sein Blick streifte, während er die Zigarette genüsslich in der Hand hielt, den eines Polizisten, der sich hinter der verglasten Scheibe befand. Der Polizist lächelte und formte seine Finger, als ob er eine Zigarette halten würde. Der Diplomat lächelte zurück und winkte mit der Zigarette, um zu signalisieren: Ja, tut gut, so eine Zigarette am Morgen.
Das anhaltende Lächeln des Polizisten irritierte ihn aber; er schaute sich um und entdeckte das Schild der Rauchverbotszone. Im nächsten Moment schaltete die Fußgängerampel auf grün. Er wollte die Straße überqueren, ratlos, was er jetzt mit dem glimmenden Stengel anfangen sollte.
Der Polizist – fortwährend lächelnd – verließ den Koban, trat heraus in den Regen und hielt dem Raucher einen Aschenbecher hin. Herr Weiß drückte die Zigarette aus, der Polizist bedankte sich höflich, verbeugte sich und zog sich wieder lächelnd zurück.

Der Kollege beteuerte mir gegenüber auf Nachfrage, er habe den Polizisten noch niemals zuvor gesehen und dieser könne auch nicht wissen, dass er Diplomat sei.
Der Fall erscheint unter umgekehrten Vorzeichen in einer deutschen Stadt wohl kaum denkbar.

Zur gleichen Zeit ereignete sich am Außentor unserer Botschaft noch Folgendes: Ein deutscher Besucher der Botschaft fährt mit seinem Wagen vor. Die japanischen Sicherheitskräfte signalisieren ihm, er dürfe nicht auf das Botschaftsgelände fahren. Dies aus zwei Gründen: Zum Einen kann gegenwärtig kein Wagen auf das Gelände fahren, da dieses einer großen Baustelle gleicht; zum Anderen dürfen Besucher aus Sicherheitsgründen grundsätzlich nicht den Pkw in den Innenbereich verbringen. Der im Auto Sitzende wird zunehmend aggressiver und brüllt, es regne und das Tor solle endlich geöffnet werden. Die Sicherheitskräfte entgegnen höflich und wohl auch etwas unbeholfen ständig „I'm sorry, I'm sorry", bis eine weitere Mitarbeiterin der Botschaft des Weges kommt, den Autofahrer fragt, wo sein Problem liege, und ihn schließlich zum Verstummen bringt.

Ja, so ist das (sagen die Japaner gern auf deutsch).

Die obigen Zeilen lesend lächelt Fr. Brehm zufrieden.

33. Bergfest 14/08/2003

In einem fast schon legendären Lokal aß ich gestern mit drei Diplomaten zu Mittag. Hier soll ein ehemaliger Kollege von ihnen fünf Jahre lang täglich eingekehrt sein und immer das gleiche Gericht gewählt haben. Er nahm bereits nach wenigen Wochen nur noch seinen Stammplatz ein und, ohne dass er etwas sagte, wurde ihm das gewünschte Menü (Nr. 19) gebracht.
Nach dem Essen fragte mich Hans, wie lange ich jetzt noch hier sei. Nach kurzem Überlegen fiel mir ein: Ab morgen noch genau sieben Wochen. Und in dem Zusammenhang stellte ich fest: Morgen bin ich exakt sieben Wochen hier. Woraufhin er mit einem Grinsen und seinem sympathisch leicht niederbayerischen Akzent entgegnete: „Bergfest!"
Den Begriff habe ich zwar noch nie zuvor verwendet, aber er gefällt mir. Nach der Hälfte der Zeit hat man wohl einen ganz guten Blick dafür, was bereits war, wie man es einordnen kann und was einen noch erwartet.
Und gerade heute, am Tag des „Bergfestes", zeigt sich wieder ein groteskes Bild: In Deutschland, bekannt für die verwässerten Sommer, herrscht noch immer brütende Hitze – in Japan, bekannt für die brütend heißen Sommer, regnet es seit 24 Stunden bei nunmehr 22 Grad. Als ich die Berichte über die Sommer in Japan las, hatte ich ein Bild des Grauens vor mir. Mittlerweile hoffe ich, dass es am Wochenende nicht regnet und würde dabei auch 40 Grad, gut, ich will nicht übertreiben, sagen wir 35 Grad in Kauf nehmen.
Und: Heute verbringe ich den letzten Tag in diesem wundervollen Haus, entworfen von Japans berühmtestem Architekten. Genau die Hälfte der Zeit konnte ich also mit „Einhüten" überbrücken. Ab morgen schlafe ich in einem 10 qm großen Mauseloch mit Papierwänden. Positiv gesehen hat dies aber auch den großen Vorteil, dass ich in Kontakt mit anderen Ausländern komme, die in Sakura-House wohnen.

Nach der ersten Halbzeit freue ich mich auf die zweite. Die erste war beeindruckend, erschlagend, ermüdend, faszinierend, haarsträubend, aufregend, aufreibend, befremdlich, abenteuerlich auf jeden Fall aber lebendig.
Gestern fand ich in einem Artikel ein Zitat, das „Henry Miller oder auch John Lennon zugeschrieben wird: Leben ist das, was passiert, wenn etwas nicht Vorgestelltes eintritt“.

Tokyo ist Leben.

34. Besucher, wenn Du nach Tokyo kommst...

16/08/2003

Meine neue Wohnung in Takanawa hat einen Internetanschluss und einen Fernseher. Sie wirkt wesentlich größer als eine 10-Quadratmeter Wohnung. In einem gesonderten Raum stehen Waschmaschine und Wäschetrockner.

Besucher, wenn du nach Tokyo kommst, gehe nicht in das Takanawahaus von Sakura-house: Es ist eine Klitsche, ein Dreckloch, ein Ort, der unweigerlich zur Aufwertung jeder anderen Behausung führt. Selbst die Jugendherberge in Harlem, in der mein Bruder und ich vor fünf Jahren für wenige Tage hausten, wirkte dagegen wie eine grundsolide Unterkunft.
Gestern gegen 19 Uhr bezog ich nach einer herzlichen Verabschiedung von den Bewohnern meiner letzten Unterkunft und einer sündhaft teuren Taxifahrt Zimmer 304 R des Takanwahauses. Dies geschah unter dem Eindruck von 60 Stunden Dauerregen, der ununterbrochen auf Tokyo herabprasselte.
Der Aufgang im Treppenhaus ist extrem schmal und lässt bereits Böses erahnen. Im Zimmer kann man die Feuchtigkeit förmlich riechen. Der Internetanschluss suggeriert Innovation, setzt aber voraus, dass man den eigenen Laptop mitgebracht hat. Der Fernseher funktioniert, gesendet werden allerdings nur japanische Programme – Sakurahouse wirbt gerade damit, Wohngelegenheiten für Ausländer zu gewähren.
Das alles wäre aber noch nicht tragisch. Wirft man aber einen Blick auf das Bett, genauer gesagt auf die Bezüge, so erkennt man sogleich: Hier nächtigten schon mehrere Generationen von Ausländern – und wurden vermutlich auch hier gezeugt. Die übliche Vertragsbedingung, wonach die Bettwäsche am letzten Tag gewaschen übergeben werden muss, wurde offensichtlich nicht immer durchgesetzt. Verlässt man das Zimmer, um sich in der „Küche“

umzusehen, gelangt man schnell zu der Erkenntnis, dass man hier allenfalls Wasser für Tee kochen wird. Die Benutzung des Kühlschranks wird derjenige, der mitteleuropäische Standards gewohnt ist, nach kurzem Öffnen der Kühlschranktür, niemals erstreben.
Dann das Herzstück: Das Badezimmer. Das fehlende Fenster garantiert eine kontinuierlich hohe Luftfeuchtigkeit. Hier fühlt sich auch eine bestimmte Art kleiner Fliegen wohl, die ihren Lebensalltag von der Wiege bis zum Tod in diesen zwei Quadratmetern verbringen. Die Kumulation der an der Decke klebenden Verstorbenen ist bereits jetzt beachtlich. Bei Senken des Kopfes erkennt man Schimmelspuren in den Ecken, die mit den Rostflecken, die teilweise Zwei-Euro-Stück-Größe erreichen, ein lustiges Mosaik darstellen.
Duscht man sich in dieser behaglichen Räumlichkeit, wird der Boden des gesamten Badezimmers gleich mitgeflutet, da kein Duschvorhang angebracht ist. Selbst das obligatorische In-die-Hocke-gehen-und-vorsichtig-Richtung-Wand-Halten des Brausekopfes ändert hieran nichts.
Mittlerweile nichts mehr erwartend, schaute ich mich nach Waschmaschine beziehungsweise Trockner um. Und siehe da, in einem gesonderten Raum stehen sie. Ich wunderte mich bereits bei der ersten Besichtigung darüber, dass man keine verschiedenen Temperaturen einstellen kann und fragte ich mich, wo das Fach für das Waschpulver sei.
Eine Stunde später liefen mir die Schweizerin Judit und ihr Freund Demian über den Weg. Sie erklärten unaufgefordert, das Takanawahaus sei ein ziemlicher Griff ins Klo. Auf meine Frage nach der Funktionsweise der Waschmaschine antworteten sie mir aufgeregt: Dort bloß nichts waschen! Es ist nicht möglich, verschiedene Temperaturen einzustellen. Gewaschen wird nur kalt. Die Wäsche wird zwar nicht sauber, dafür verfusselt sie und verfärbt sich.

Für 650 Euro Monatsmiete bekommt man in Tokyo etwas geboten.

35. Der unbekannte Daibutsu und Pachinko

18/08/2003

Es regnet immer noch. Gestern nutzte ich aber das Abflauen zu einem dünnen Nieselregen, um meine „Wohnung“ zu verlassen. In einem englischen Reiseführer fand ich den Hinweis auf eine versteckte Sehenswürdigkeit, einen Daibutsu („großer Buddha“), der in Narimasu, einem Ort 20 Minuten entfernt von der Station Ikebukoro, steht, genauer gesagt sitzt. Narimasu zählt noch zum Stadtgebiet Tokyos, was man aber nach Verlassen der Bahnhofsgegend nicht unbedingt vermutet. Die sonst in Tokyo so typischen, in regelmäßigen Abständen aufgestellten Stadtpläne, die neben dem eigenen Standort auch die Sehenswürdigkeit der Gegend enthalten, sucht man in Narimasu vergebens. Lediglich am Bahnhof findet sich versteckt ein kleines Schildchen. Um den Buddha ohne Taxi zu erreichen, muss man sich den Weg an Hand dieses Plans einprägen. Da keine Straße direkt zum Buddha führt, merkte ich mir die Anzahl der Abzweigungen und Zwischenstraßen. Zwischenzeitlich wurden aber wohl neue Straßen errichtet, den Buddha jedenfalls fand ich nur mit Glück. Er liegt tatsächlich so versteckt, dass er in keinem meiner vier deutschen Reiseführer, die ich von verschiedenen Verwandten und Bekannten zu Weihnachten bekam, auftaucht und deshalb auch nicht von Touristen heimgesucht wird. Ich traf dort auch lediglich fünf Japaner.

Das mangelnde Interesse erscheint kaum nachvollziehbar. Es ist einer der schönsten und friedlichsten Orte, die ich hier sah. Der etwa 13 Meter große Buddha selbst schaut vollkommen und zufrieden auf einen herab, in den Mundwinkeln erkennt man den leichten Zug eines Lächelns, das den Problemen dieser Welt entrückt ist. Die Gestalt ist symmetrisch, aber nicht steril, vielmehr in sich selbst ruhend. Er wird eingesäumt von zahlreichen Bäumen. Daneben befinden sich eine große Tempelanlage, ein Teich voller Koys, die gierig auf Fütterung warten, sowie eine Vielfalt an Gedenksteinen und Statuen.

Die Bahnhofsgegend von Narimasu steht zu dem Ort des Daibutsu in krassem Kontrast. Bizarr sind hier die riesigen Pachinkohallen: Gebannt sitzen die Japaner vor einem Automaten, durch den Kugeln rasseln. Bis zu 30 Automaten sind nebeneinander aufgestellt. Auf jeder Seite eines Gangs befindet sich eine Reihe, fünf Gänge pro Stock nebeneinander, teilweise mehr als zwei Stockwerke übereinander. In den Räumlichkeiten herrscht ein nur schwer zu ertragender Lärm. Bei einem halbstündigen Spaziergang um den Bahnhof stößt man auch ohne gezielte Suche auf etwa zehn der meistens voll besetzten Pachinkohallen (auch „concert halls" genannt). Da Geldgewinne hier verboten sind, kann der Pachinkospieler diverse Sachpreise einheimsen, die er an bekannten Orten wieder gegen Geld eintauscht. Das Gesetz wird nicht gebrochen, aber offen von der Allgemeinheit ad absurdum geführt – die japanische Art des Arrangierens.

36. Japanisch für Anfänger 20/08/2003

Hartnäckig weigerte ich mich bisher, diese Sprache zu erlernen. Ich beschränkte mich auf einige Floskeln und ging, sobald sich ein Gespräch entwickeln konnte, auf Englisch über.
Gestern wurde ich im Rahmen des Mittagessens mit zwei weiblichen Japan Fans konfrontiert: Ruths (der Vorname Fr. Brehms) – Sympathie für alles, was in einem Zusammenhang mit Japan steht, wurde bereits angedeutet. Gestern bekam sie Verstärkung von Naomi. Das Gespräch driftete nach kurzer Zeit ab und das Thema war – japanisch.
„Wie, du kennst immer noch nicht die Namen für die Schriftzeichen?“ eröffnete Naomi spöttisch mir zugewandt.
„Das kann man so nicht sagen.“
„Also, wie heißen die drei Schriftarten?“ Das Gespräch gewann den Charakter einer Abfrage, wie man sie aus Schulzeiten kennt.
„Ähh. Katakana.“
„Katakana.“
„Ja, sag ich doch.“
„Nein, du betonst immer noch falsch.“ Naomi hat die Gabe, den letzten Rest an Motivation zu beseitigen.
„Jedenfalls gibt es noch Kanji und Hiragana. Die Begriffe sind ja völlig egal. Hauptsache ist, man weiß, was sich dahinter verbirgt.“
„Und, was bedeuten sie?“
„Kanji sind Zeichen aus dem Chinesischen und sind so eine Art Bilderrätsel.“
„Nicht immer.“

Das Verhör begann mich zu nerven. Bei Katakana handelt es sich jedenfalls um Silben für unübersetzte nichtjapanische Wörter, Hiragana dienen im Wesentlichen der grammatikalischen Bestimmung, etwa der Vergangenheitsformen. Dies wollte ich nicht mehr zum Besten geben. Was ich aber auch nach dieser Zurechtweisung noch glaubte zu wissen: Die Kanji funktionieren teilweise tatsächlich wie eine Art Bilderrätsel. Beispielsweise bedeutet das Zeichen für „Frau“ (onna) zusammengesetzt mit dem Zeichen für „Kind“ (ko): „Mögen“ (suki). „Nippon“ ist aus zwei Zeichen zusammen, dem für Tag beziehungsweise Sonne (ni) und dem für Ursprung (hon oder ppon ausgesprochen).

Um eine Konversation auf japanisch zu führen, werden meine Kenntnisse wohl nie ausreichen. Ist aber auch nicht nötig. Beispielsweise habe ich gemerkt, dass mein morgendlicher Plausch mit Takano, einem der japanischen Sicherheitskräfte vor dem Tor, die anderen zunehmend angespornt hat, alte Englischkenntnisse herauszukramen. Mittlerweile verbringe ich fast jeden Morgen zehn Minuten am Tor oder am Wachhäuschen.

In einer weiteren Situation kam es heute zu einer zweisprachigen Verständigung. Im Bus konnte ich einen Sitzplatz ergattern. Neben mir standen zwei ältere Frauen, die sich den verbliebenen freien Sitzplatz gegenseitig anboten. Sie verbeugten sich stetig voreinander, aber keine der beiden wollte den Platz einnehmen. Sie bestanden darauf, dass die jeweils andere sich dort hinsetzen würde. Ich überlegte noch, ob ich nicht aufstehen solle, um dem Ganzen ein Ende zu bereiten, da bremste der Bus scharf ab, die Näherstehende wickelte sich fast um die Haltestange und legte sich auf meinen Rucksack, der auf meinen Beinen lag. Sie lehnte sich aber nicht nur leicht an, nein, die gut 60-Jährige knallte ungebremst auf mich. In diesem Zusammenhang war es von großem Vorteil, dass Japaner im Allgemeinen sehr zierlich sind und nur sehr wenige Übergewicht haben. Ich half ihr wieder auf die Beine. Sie entschuldigte sich auf Japanisch, ich auf Englisch, obwohl es genau genommen, keinen Grund für eine Entschuldigung gab – ich hätte allenfalls eher aufstehen können. Das Ganze war ihr so peinlich, dass sie gerade wieder auf den Beinen stehend zwei Meter weiter ging.

Der Wortsinn erschließt sich in derartigen Situationen auch ohne gemeinsamen Wortschatz.

37. Earthquake 22/08/2003

Herr Weiß schlug am Mittwoch vor, abends in einen „Biergarten“ zu gehen. Die Industriereferentin, Frau Kern, und ihr Mann Jörg schlossen sich an.

Bereits bei Befahren des Parkplatzes war zu erkennen: Dieser „Biergarten“ hat mit einem solchen im süddeutschen Sinn ungefähr soviel gemein wie ein Boss-Anzug mit einer bayerischen Lederhose. Nach Durchschreiten einer großen Empfangshalle wurden wir wenige Stufen hinuntergeleitet und fanden uns in einem großen Garten wieder. Die ausladende Rasenfläche wurde größtenteils von – perfekt geschnittenen – Bäumen umgeben. Nur am unteren Ende waren wenige Tische aufgebaut, um die jeweils vier große, bequeme Sessel standen. Wäre in Deutschland vermutlich die halbe Rasenfläche mit Stühlen und Bänken bedeckt gewesen, so war hier die Gestaltung offensichtlich nach rein ästhetischen Gesichtspunkten vorgenommen worden. Als es langsam dämmerte, wurden große Fackeln aufgebaut, und stündlich gaben zwei Japanerinnen in Kimonos japanische Tänzchen zum Besten. Die Musik, die dazu gespielt wurde, ist für westliche Ohren sehr gewöhnungsbedürftig.

Herr Weiß erzählte einige Geschichten aus der Zeit in Kabul, Zagreb und Tokyo, und Jörg beschrieb das heftigste Erdbeben, das er hier erlebt hatte. Er hielt sich in Osaka, einer Nachbarstadt Kobes, auf. Dort war er im 23. Stock des Hilton untergebracht, als das Gebäude zunächst zu rütteln, dann zu schwanken begann. Die Glasschiebetüren verselbstständigten sich, sie öffneten beziehungsweise schlossen von alleine. Bei dem Blick aus dem Fenster konnte er benachbarte Gebäude sehen, die ins Blickfeld schwankten und wieder verschwanden. Nach 45 Sekunden war der Spuk vorbei, die Stadt blieb – im Gegensatz zu Kobe – weitgehend verschont.

Meine eigenen Erdbebenerfahrungen sind demgegenüber gänzlich unspektakulär. Am Montag gegen 19 Uhr gab es in Tokyo ein deutlich spürbares Erdbeben, nur war ich in einem Fitnessstudio, das im Untergeschoss liegt. Als am Dienstag dieses Ereignis in den

japanischen Zeitungen und in der Botschaft erwähnt wurde, konnte ich infolgedessen nicht mitreden. Darüber hinaus zittern jeden Tag mein Bildschirm wie meine Wasserflasche. Ruth flüstert jedes Mal ängstlich: „Jetzt hat's schon wieder gewackelt. Merkst Du's?" Anfangs war ich noch aufgeregt und gespannt, ob die Erschütterung anwachse. Ein Kollege löste aber jegliche Spannung auf. Er beschrieb bei einem Mittagessen, dass der Abbruch des alten Botschaftsgebäudes schnell fortschreite. Die Arbeiter würden mit einem riesigen baggerähnlichen Fahrzeug vorgehen, das mit einer großen schnabelförmigen Zange Stücke aus dem Gebäude reiße. Und bei jedem Zustoßen wie Reißen zittere sein Zimmer.
Ich schaute mir das Ganze an und kam – entgegen der Überzeugung Ruths – zu dem Schluss, dass wir kein Dauerbeben, sondern lediglich die Auswirkungen japanischer Abrisskünste verspüren.

38. Banküberfall 22/08/2003

In der Japan Times war heute auf Seite 2 – daran erkennt man den Stellenwert – ein Artikel zu lesen, welcher einen Vorfall beschrieb, der für Japan meines Erachtens nicht untypisch ist.

Ein 40-jähriger Mann namens Shinichi Ito (in den japanischen Zeitungen werden fast immer die Namen der Betroffenen abgedruckt – das informationelle Selbstbestimmungsrecht erfährt keine allzu starke Ausprägung) will eine Bank überfallen. Bewaffnet mit einem Kugelschreiber stellt er sich am Schalter an. Als Ito an der Reihe ist, zeigt er ein Papierstück vor, auf dem steht, die Angestellte solle ihm das Geld aushändigen. Mit der anderen Hand zieht er drohend den (unverpackten) Kugelschreiber hervor. Die Angestellte ignoriert ihn, befasst sich mit dem nächsten Kunden. Daraufhin springt der Täter auf den Schalter und ruft wilde Drohungen aus. Keiner in der Bank reagiert. Er wird weiterhin ignoriert, die anderen Kunden werden bedient. Der Täter flüchtet. Jetzt erst machen sich ein Bankangestellter sowie ein Kunde der Bank auf und stellen ihn nach 50 Metern.

Der Polizei sagte der Gefasste, er brauche Geld, weil er seit Tagen nichts gegessen habe. Er sei aus der Bank geflüchtet, weil er Angst bekommen habe.

39. Daytrips 24/08/2003

Besucher, wenn Du nach Japan kommst...
...verlasse Tokyo für zumindest zwei Tage.
Knapp eine Zugstunde entfernt von Tokyo liegt Kamakura, von 1192 bis 1333 das Zentrum Japans. Die jeweiligen Shoguns residierten in dieser Zeit hier, und es blieben die meisten Tempel, Schreine und Zenklöster erhalten. Einer der bekanntesten ist der Kechoji-Tempel, um den sich Untertempel scharen. Auf der Suche nach einem bestimmten rechnete ich angesichts der Aufzeichnung im Plan nicht damit, dass die Tempel in der Realität so dicht gedrängt angeordnet sind. Ohne es zu realisieren, passierte ich den gesuchten, durchquerte einen Bambushain, lief einen Hügel hinauf und nahm mit unzähligen Stufen den Kampf auf. Angesichts der hohen Luftfeuchtigkeit sowie einer Temperatur von etwa 40 Grad kam ich durchgeschwitzt am Ende des Klostergeländes an. Am obersten Punkt drehte ich mich um und sah das Tal von Kamakura. Eine Beschreibung dessen muss für den kundigen Betrachter den faden Geschmack heißen Wassers haben, in das ein schon benutzter Teebeutel gehalten wird. Ein strahlendes, regenwaldähnliches Grün zieht sich über die Hügel. Dazwischen sind verschiedene Tempelanlagen zu erkennen oder zu erahnen, im Tal drängt sich von rechts eine Bucht ins Bild. Ein leichter Dunst legt sich über das Tal. Währenddessen weht ein bisweilen recht starker Wind um die Nase, im Hintergrund hört man ein Konzert aus Gezirpe und Vogelgesang.
Unweit entfernt sitzt der 14 m hohe Daibutsu („Großer Buddha"), der vollkommen herunterschaut. Für den in einer Entfernung von fünf Meter Stehenden füllt er das Blickfeld aus. Seine Augen blikken mit Gleichmut herunter, und keines der Erd- und Seebeben der letzten Jahre konnte diesen Gleichmut beeinträchtigen.

Der heutige Tagesausflug hatte einen Ort zum Ziel, welcher ebenfalls einen Gegensatz zu Tokyo darstellt, wenn auch auf eine andere Art. Yokohama, die größte Hafenstadt Japans und mit drei Millionen Einwohnern zugleich die zweitgrößte japanische Stadt, erinnert an Kalifornien: Die Straßen sind breit, die Leute wirken entspannt, und zudem war es heute sehr sonnig. Yokohama hat noch weitere Parallelen zu San Francisco: Das große Hafenbecken, an dem die Tanker vorbeiziehen, die Hügel der Stadt, die riesigen Brücken, die kleinen Bands, die im Hintergrund spielen, während man von Meeresluft angeweht wird; das alles erinnert ein wenig an die Bay. Der Klarstellung halber: Es ein bloßes Erinnern, das ausgelöst wird – Yokohama ist kein zweites San Francisco. Es gibt keine cable cars, keine Golden Gate und kein Alcatraz. Und der Landmark Tower, so imposant er auch in den Himmel ragt, stellt kein Surrogat dafür dar.

40. Über 10.000 km entfernt ... 25/08/2003

Den bekannten Ausspruch, wie klein doch die Welt sei, möchte ich nicht zitieren, und jeder kennt wohl die Legenden vom Bekannten aus dem Nachbardorf, den man im australischen Busch wiedersieht. Gestern gab es dann aber doch ein unvermutetes Treffen. Ich kam von der Botschaft nach Hause, wollte gerade mein Abendessen auspacken, als es an der Tür klopfte. Die neuen Nachbarn wollten sich vorstellen. Kurze Begrüßung auf Englisch, Frage nach der Herkunft, „Ach, auch aus Deutschland, woher denn?"
„Aus Bonn".
„Bonn, da war ich auch erst".
Dann die Frage nach meinem Wohnort. Meine Antwort. Daraufhin: „Würzburg, das ist ja lustig. Kevin, da ist einer aus Würzburg." Kevin kommt ins Bild. „Wie, du kommst auch aus Würzburg?" Kevin kommt aus Versbach. Das übliche „Kennst du....?" – „Ja, klar...". Dabei kamen solche Gegebenheiten zum Vorschein wie die, dass der ehemalige Fußballtrainer Kevins genau drei Stockwerke unter meiner Wohnung in Würzburg sein Dasein fristet.
Ich bin über 10.000 km geflogen, um mich an einem Sonntag gegen 22.30 Uhr im Gang einer heruntergekommenen Herberge in Tokyo, bei etwa 30 Grad schwitzend, mit einem VWL-Studenten aus Versbach zu unterhalten.

41. Skurriler Kulturgenuss 28/08/2003

Gestern kam ich wieder in den Genuss von Freikarten. Am Nachmittag stand ein Kabukitheater auf dem Programm. Nach den Worten Ruths, die mir die Karten überließ, müsse ich das sehen – und sie hatte recht.

Kabuki ist eine in Japan etablierte Theaterform, die dem Nichtjapaner ein wenig fremd erscheinen mag. Der Schwerpunkt liegt – im Gegensatz zum westlichen Theater – nicht auf der Handlung, diese ist regelmäßig einfach gestrickt, sondern vielmehr auf der Darstellung. Die Schauspieler verdrehen und rollen die Augen, beim Sprechen setzen sie großzügig die Kopfstimme ein und quietschen in hohen, spitzen, bisweilen auch gezogenen Tönen. Das wirkt vor allem dann sonderbar, wenn Männer Frauenrollen übernehmen, was damit zusammenhängt, dass im traditionellen Kabuki weibliche Schauspieler nicht zugelassen sind. Hinzu kommt, dass das Publikum während der Vorführung, die gewöhnlich recht lange dauert (drei Stunden und länger), essen wie trinken darf beziehungsweise soll und sich durch laute Zu- und Anfeuerungsrufe an der Vorstellung beteiligt. Bei den Tanzdarbietungen ist – ebenfalls gewöhnungsbedürftige – Musik zu vernehmen: Zu den Tönen, die einem asiatischen Saiteninstrument entlockt werden, klopft ein Musikant mit Holzstücken auf den Boden, um die Bewegungen der Schauspieler zu unterstreichen.

Die gestrige Vorstellung war keine im herkömmlichen Sinn. Vielmehr wurde das Resultat eines neuntägigen Workshops präsentiert, an dem zur Hälfte Nichtjapaner teilgenommen hatten. Sie spielten Teile aus verschiedenen Kabukistücken, die von einem Meister zuvor jeweils erläutert wurden. Die Worte des Meisters, einem kleinen älteren Mann, der sehr gern lachte, wurden von einem Japaner übersetzt, der nicht nur der englischen Sprache mächtig war, sondern evident auch amerikanischen Essgewohnheiten angenommen hatte, was an den Partien um Hüfte und Bauch deutlich wurde. Außerdem – so versicherte Naomi, die mich begleitete – über-

setzte er regelmäßig nur eine stark verkürzte und teilweise veränderte Version.
Die Darsteller waren ihrer Herkunft entsprechend vielfältig, zumal bei dem Workshop auch Frauen zugelassen waren. Auch eine Person, die kein Wort japanisch spricht, hätte die amerikanische Künstlerin auf Anhieb erkannt. Das lag weniger daran, dass sie ihre japanischen Kollegen um mehr als einen Kopf überragte, als vielmehr an ihrem mit amerikanischem Akzent angereicherten Japanisch. Im Gegensatz zu den Mitstreitern sprach sie nie ein schlichtes „o", sondern stets die amerikanische Variante, es sich also stets anhörte wie „low", „so" oder „no". Auch die anderen Vokale hatten eine extrem amerikanische Färbung.
Vor der Überreichung der Urkunden wurden die Verantwortlichen des Workshops vorgestellt. Der Dienstälteste war ein anatomisches Phänomen: Noch nie sah ich einen Menschen, der so dünne Beine hat. Wie auf Streichhölzern hielt er sich wackelnd vor dem Mikrofon. Als er wieder Platz nahm, wirkte er wie eine Handpuppe, bei der die nach unten hängenden Fäden die Beine symbolisieren sollen.
Vermutlich wollte man ihm nicht zumuten, die weitere Zeremonie im Stehen durchzuführen, weshalb ein weiterer aus der Vorstandsriege die Urkunden überreichte und dabei jeden ausländischen Namen so aussprach, dass die Betroffenen erst nach Rückfrage und Vergewisserung nach vorne traten. Darsteller und Publikum nahmen das Ganze aber mit Humor: Alle lachten bereits, bevor er den nächsten Namen vorlas.
Naomi, die ich kurz auf das vorgenannte anatomische Phänomen hingewiesen hatte, konnte den Blick hiervon nicht mehr abwenden. Danach war jede Ernsthaftigkeit aus ihr entwichen.

Und dieser Zustand dauerte noch bei dem Klassikkonzert am Abend fort. Gespielt wurde unter anderem Mozart und Strauss, wobei die Künstler zur Hälfte japanischer, zur Hälfte deutscher Nationalität waren. Aufmerksamkeit erregte aber vor allem ein deutscher Geiger, der beim Spielen heftig den Kopf bewegte. Da seine Haut aber nicht in allen Gesichtspartien straff anlag, schlackerten

Wange wie Kinn sehr dynamisch. Ein ähnliches Phänomen betrachtete ich einmal bei einem Konzert in Korsör (Dänemark), was mich damals schon dazu zwang, mein Lachen zu ersticken. Und auch diesmal biss ich mir beinahe die Lippen blutig. Leichtsinnigerweise wies ich Naomi auf den Künstler hin, was dazu führte, dass sie, den älteren Herrn von der Kabukivorführung noch im Gedächtnis, ein Lachen unterdrückend, nur noch vor sich hin zuckte, was die meinigen gleichlaufenden Bestrebungen, ernst und andächtig zu wirken, nicht unerheblich erschwerte. Prompt wurden wir in der Pause von einem Zuhörer gebeten, unsere „Köpfe ruhig zu halten".
Nach der Pause folgte die Aufführung von Strauss' „Der Bürger als Edelmann". Der Dirigent, gut eineinhalb Köpfe kleiner als die deutschen Geiger, war stehend mit diesen auf Augenhöhe, als sie sich hingesetzt hatten. Man sah auch, dass das Essen ihm offensichtlich schmeckte. Ein lächelndes, rundes Gesicht saß direkt auf einem rundlichen Körper. Dirigierend wackelte er noch mit den Hüften. Darauf wies ich Naomi nicht mehr hin. Es erschien mir nach einer kurzen gedanklichen Abwägung zu riskant.

42. Imperial 28/08/2003

Auf dem Pflichtprogramm eines Referendars in Tokyo steht auch der Besuch diverser Institutionen wie beispielsweise des DAAD. Heute beehrte ich zusammen mit dem neuen RK-Leiter und Naomi eine große deutsch-japanische Rechtsanwaltskanzlei. Zentral gelegen, breitet sich die Kanzlei über drei Stockwerke eines Hochhauses in Shimbashi aus und beschäftigt dort neben 90 Übersetzern 50 Juristen und sonstige Angestellte.
Unter den Juristen befinden sich lediglich vier Patentanwälte sowie drei Anwälte, was damit zusammenhängt, dass hier nur zwei Prozent das jeweilige Examen bestehen. Die restlichen werden nach dem Universitätsstudium direkt in einem speziellen Gebiet ausgebildet, ohne jemals eine Anwaltszulassung zu erhalten.
In Japan arbeitet man typischer Weise in Großraumbüros, die hierarchisch aufgeteilt sind, das heißt, die Hierarchie bestimmt die Gestaltung der Räumlichkeit. Der Schreibtisch des Chefs ist so angeordnet, dass dieser das ganze Büro überblicken kann, der Partner kann zumindest einen großen Teil des Büros überblicken, der Junior Partner einen kleineren Teil usw. Auf den Tischreihen stehen dichtgedrängt Computer nebeneinander. Nach Auskunft eines Mitarbeiters habe diese Anordnung den Vorteil, dass die angrenzenden Kollegen nach Beendigung eines Telefonats genau wüssten, was zu tun sei, ohne dass er ihnen dies explizit mitteilen müsse. Auf der anderen Seite erschwere diese Anordnung manchmal auch die Arbeit, wenn er etwa eine Telefonkonferenz mit fünf Klienten habe und in seiner Umgebung 20 Kollegen telefonieren würden. Die Konzentration in komplizierten Fällen falle da nicht immer leicht.
Nach der Besichtigung lud die Kanzlei noch zu einem Essen im Imperial Hotel ein. Wie der Name vermuten lässt, speist und bezahlt man hier sehr fürstlich. Auf jeden Gast entfällt etwa ein Kellner, Ausstattung wie Service muten feudal an, aber trotz dieses Rahmens hatte ich ein entspanntes Gespräch mit dem Sohn des Mitgründers der Kanzlei. Während sein Vater als einziger Deut-

scher in Japan als Anwalt zugelassen wurde, ist er der einzige Deutsche, der das Patentanwaltsexamen bestand. Er vermittelt dennoch einen bescheidenen, freundlichen Eindruck, und es entwickelte sich ein netter Plausch. Ich erfuhr unter anderem, dass er sowohl in Deutschland wie auch in Japan als Ausländer angesehen werde. Und dass Deutsche, die schon jahrelang in Japan wohnten, gefragt würden, ob sie Halbjapaner seien. Mein Gesprächspartner hatte hierfür eine Erklärung: Die Sprache, die man täglich spräche, verändere die Gesichtsmuskulatur. Deshalb sei er auch davon überzeugt, Japaner, die beispielsweise lange Zeit in den Staaten lebten, auf den ersten Blick erkennen zu können.

Nach über drei Stunden kehrten wir wieder in die Botschaft zurück, nachdem wir Gelegenheit hatten, am Luxus zu schnuppern.

43. Wahlkampf 02/09/2003

Zur Zeit findet in Japan Wahlkampf statt. Zwar ist die gesetzlich vorgesehene Legislaturperiode noch lange nicht beendet; hierzulande ist es aber Brauch, dass nach Wahl oder Bestätigung des Vorsitzenden der stärksten Partei (LDP) dieser das Parlament (Unterhaus) auflöst und Neuwahlen angesetzt werden. Diese – so ein Kollege an der Botschaft – würden „wahrscheinlich irgendwann im November" stattfinden; der genaue Zeitpunkt stehe noch nicht fest. Dieses System bewirkt nicht nur eine ständige Umstrukturierung des Kabinetts, sondern auch einen häufigen Austausch der Premierminister, da der Parteichef, je nach Skandal, schnell wechseln kann. Herr Idashi sagte in diesem Zusammenhang zu mir, ich könne sicherlich alle Bundeskanzler der Nachkriegszeit aufzählen. Es wäre ihm hingegen unmöglich, alle japanischen Premierminister spontan aufzusagen. Koizumi, der sich jetzt schon über zwei Jahre im Sattel halte, gehöre schon zu den Dauerbrennern. Ein Phänomen wie der deutsche Altkanzler Kohl wäre in Japan undenkbar.

Nun verlöre ich gewiss keine Worte über den japanischen Wahlkampf, würde er dem in Deutschland vollkommen gleichen. Hier ist es aber üblich, dass junge Wahlkampfhelfer und Kandidaten mit Mikro- oder Megaphon bewaffnet, an Ecken stehen und monoton ihre Botschaft vermitteln, die ich natürlich nicht verstehe. Ein Kollege erzählte mir, jeden Morgen würde vor seinem Haus ein Fahrzeug vorbeifahren, aus dessen angeschraubtem Lautsprecher die Stimmen zweier Damen schallten, die stets nur den Namen des Kandidaten wiederholten und sich zugleich für die Unterstützung bedankten. Seit der letzten Woche seien sie aber dazu übergegangen, ihre Botschaft mit weiteren Inhalten zu würzen. Dabei erklärten sie nicht etwa das politische Programm, vielmehr erörterten sie das schöne Wetter, ohne aber einen Zusammenhang zu dem Kandidaten zu knüpfen, was zugegeben ein bisschen weit hergeholt wäre. Der Kollege vermutet, die beiden Wahlkampfhelferinnen wollten so die Zuhörer gut stimmen.

Teilweise wird die Botschaft auch dem vermittelt, der des Japanischen nicht mächtig ist. Als ich letzte Woche zu der deutschen Rechtsanwaltskanzlei gefahren wurde, kamen auf der Gegenfahrbahn vier große schwarze Transporter entgegen, aus denen laute Musik schallte, die gelegentlich von Schreien aus den Lautsprechern unterbrochen wurde. Zwei der Fahrer hatten vollständig tätowierte Arme, und auch dem Nichtkenner japanischer Kultur wurde bei deren Anblick klar, dass sie nicht den Prototyp des japanischen Lächlers darstellten. Ein Japankenner bestätigte mir daraufhin, es handelte sich um einen Aufzug der Rechtsradikalen, die typischerweise schwarz gekleidet wären.

Vor diesem Hintergrund neigt man dann auch leicht zu Verallgemeinerungen. Als ich in der Mittagspause zahlreiche junge Japaner sah, die in schwarz gekleidet, Armbinden sowie Schilder trugen, war ich bereits negativ gestimmt. Das Bild weckte in mir eine ungute Assoziation an die Zeit, in der das Tragen von Armbinden auch in Deutschland üblich war. Ein deutscher Kenner des Landes lief mir über den Weg und ich wollte wissen, ob hier gerade ein Nest der rechten Brut sei. Er antwortete, das nicht zu wissen und fragte, worauf ich meine Vermutung stützen würde. Ich beschrieb die Kleidung sowie das Erscheinungsbild der jungen Japaner, woraufhin er grinsend entgegnete: „Ja, das ist schon typisch, aber gehören die hier nicht zu den Wegweisern für die Beerdigung, die da hinten stattfindet?“

Ich drehte mich um und nickte, „ah ja!“. Manchmal ist es von Vorteil, wenn man die Aufschriften der Schilder lesen kann.

44. Der japanische Reis 03/09/2004

Nächste Woche findet in Cancun ein Ministertreffen statt. Unter anderem soll dort eine WTO-Vereinbarung unterschrieben werden, die eine Öffnung der Märkte und eine Verringerung der Schutzzölle bezweckt. Dabei wird vermutlich die japanische Vertretung für Zündstoff sorgen, da es ihr insbesondere im Hinblick auf Reisimporte um die Beibehaltung der exorbitant hohen Zölle geht, die gegenwärtig zwischen 300 und 400 % betragen. Der Sinn dieser hohen Zölle liegt im Schutz der japanischen Reislandwirtschaft, beläuft sich doch das Preisverhältnis des japanischen Reises zu dem aus Ländern wie Thailand oder Indonesien auf etwa 20 : 1. Die Japaner fürchten einen zu starken Reisimport, wohl wissend, dass in den nächsten zehn Jahren eine Umstrukturierung erfolgen wird. Dabei sind die Japaner den Reisimport betreffend nicht gänzlich unerfahren. Als vor knapp zehn Jahren Natur bedingt eine Reisernte ausfiel, mussten die Reis verwöhnten Japaner importieren. Doch sehr bald wurden – sogar aus Studentenkreisen – Klagen laut: Der importierte Reis sei – womöglich durch nichtjapanische Ratten, die sich an den Reiskörnern gerieben hatten – verunreinigt, Konsistenz und Geschmack seien nicht vergleichbar. Und um gar nicht erst auf den Geschmack des ausländischen Reises zu kommen, beschäftigten sich sogar Wissenschaftler mit Reisproben und fanden heraus, der ausländische Reis bekomme dem empfindlichen japanischen Magen nicht oder jedenfalls nicht in dem Maße wie der japanische. Von offizieller Seite wird diese Theorie nicht mehr vertreten. Wie auch immer die Vereinbarung in Cancun und die künftige japanische Zoll- und Reispolitik aussehen wird: Der japanische Reis wird, solange Japaner Nippon besiedeln, nicht untergehen – er schmeckt einfach anders.

45. Wer wird „Millionaire“? 05/09/2003

Gestern nutzte ich die Ausstattung meines Zimmers. Ich schaltete den Fernseher an und zappte mich durch die sieben angebotenen Programme, bis ich innehielt. Diesmal stoppte ich aber nicht – wie bei meiner vorherigen und bisher einzigen Nutzung – bei Baseball (um das zu verstehen, benötigt man keine profunden Japanischkenntnisse), – sondern bei einer Fernsehsendung, deren Format mir wohlvertraut ist. Im Zentrum des Fernsehstudios saßen sich leicht erhöht ein Kandidat sowie ein Moderator gegenüber und blickten angestrengt auf ihre Bildschirme. Unter einer Frage waren vier Antworten eingeblendet („A“, „B“, „C“ und „D“). Bereits jetzt erkennt der versierte TV-Zuschauer: Das ist doch die japanische Version von „Wer wird Millionär?“ – prompt erschien das Logo dieser Sendung in Form eines Sterns, über dem quer geschrieben stand „Millionaire“.

Die deutsche und japanische Version dieser Sendung haben natürlich einige Gemeinsamkeiten, aber doch auch evidente Unterschiede: Gemeinsam ist das System der Fragen mit den vier möglichen Antworten, von denen nur eine zutrifft. Auch das Studio, die Bestuhlung, auf der Kandidat und Moderator Platz nehmen, und die Lichteffekte sind gleich. Darüber hinaus gibt es die drei Joker, nämlich „50:50“, „Publikum“ und „Anruf“. Bei letzterem fangen aber schon die Unterschiede an. In der deutschen Version hört man die Stimme des Angerufenen; es bleibt Raum für Spekulationen wie: Sitzt der da allein? Hören weitere mit? Haben diese schon ein Lexikon auf den Knien liegen, oder sind sie gar von mehreren Bänden umgeben?

Hierfür bleibt in Japan kein Raum. In einem Zimmer sitzt die Vierergruppe der Angerufenen, auf die eine Kamera gerichtet ist. Der Anrufer diktiert demjenigen, der den Hörer in der Hand hält, die Fragestellung, der sie für die anderen wiederholt. Bis er ihnen die letzte Antwortmöglichkeit übermittelt hat, sind meistens schon 20 der 30 Sekunden um – und in den letzten verbleibenden 10 Sekunden können sich die Beteiligten in der Regel nicht zu einer einheit-

lichen Antwort durchringen, so dass dem Kandidaten mit diesem Joker wenig geholfen ist.
Am gestrigen Abend bestand weiter die Besonderheit, dass die Kandidaten Kinder waren. Auch der Moderator hatte eine auffällige Ähnlichkeit mit dem der Sendung „What do kids know?“, die im Rahmen des Films „Magnolia“ beschrieben wird. Und die Kleinen wussten allerhand. Nun mag sich der Leser fragen: Ja wie? Ich denke, er versteht kein Japanisch?! Das stimmt, nur konnte ich im Zusammenhang meistens erraten, um was es ging, da die Antworten häufig einen Bezug zum Ausland hatten. Sie waren in Katakana geschrieben und an der Aussprache der Namen, Städte oder Länder konnte man sich die Fragen zusammenreimen – ich hatte also ein kleines „Jeopardy“. Dabei fiel wieder auf, welch eigene Aussprache viele Japaner auszeichnet. Vor allem bei englischen Wörtern klingt es bisweilen witzig, da sie zumeist kein „s“ artikulieren, vielmehr ein „sch“ durch die Zähne zischen. Klassiker, die gestern allerdings nicht zu Gehör gebracht wurden, sind der „city view“ oder der „babysitter“, die zum „shitty view“ oder zum „babyshitter“ werden.
Zurück zu unseren Kandidaten: In Deutschland gibt es in der Sendung ein klar erkennbares Muster. Je länger sie sich halten, desto mehr erfährt man über sie. Dieser Kennenlernprozess wird stets im Wege einer persönlichen Befragung durchgeführt, die nach Überstehen einer bestimmten Hürde erfolgt. Man weiß genau, nach Sicherung einer bestimmten Geldsumme stellt G. Jauch Fragen nach dem Motto: So, jetzt wollen wir mal über Privates sprechen.
In Japan wird der Kandidat anders vorgestellt. Bereits im Vorfeld wurde ein Video angefertigt. So erfährt man, dass das Mädchen, dessen Zahnstellung in der Tat erschaudern lässt, regelmäßig bei dem Kieferorthopäden ist und sie – so vermute ich mal – einen großen Teil des gewonnenen Geldes auch dorthin tragen wird.
Und das Gewinnen des Geldes durch die richtige Beantwortung der Fragen wird dramatisch aufgezogen. Bei den ersten Fragen, die sehr einfach sind, geht das Ganze noch zügig vonstatten, dann aber leidet man förmlich mit. Die Frage wird gestellt. Das Kind überlegt, nimmt einen Joker, der regelmäßig zu keiner entscheidenden

weiteren Erkenntnis führt. Dann die Antwort des Kindes. Ein Blick auf die Eltern des Kindes, die sorgenvoll nach vorne schauen. Der Moderator wiederholt die Antwort und fragt: „Final answer?“ Er sagt es tatsächlich auf Englisch – nicht auf Japanisch; auch der „Publikums“-joker heißt „audience“.

Das Kind wiederholt entschlossen, indem es mit geballten Fäustchen die Silben akzentuiert: „Fi-nal an-swer!“

Dann folgendes immer wiederkehrendes Ritual: Blick auf die Eltern. Sie senken den Kopf, schauen auf den Boden, heben die gefalteten Hände nach oben – diese Betstellung hängt also nicht zwingend vom christlichen Glauben des Ersuchenden ab. Die Kamera wird auf die Fangruppe gerichtet. Gesenkter Kopf und gefaltete Hände. Kamera auf die Vierergruppe, die im gesonderten Telefonraum sitzt. Gesenkter Kopf und gefaltete Hände. Kamera auf Moderator. Er weiß die richtig Antwort, aber er senkt nur grausam die Augenlider. Kamera auf Kind. Es schaut entschlossen, fast schon keck, dem Moderator in die Augen. Kamera auf Eltern, Fans, Vierergruppe. Kamera auf Moderator: Augenlider immer noch gesenkt, Lippen aufeinandergepresst. Kamera auf Augenpartie des Kandidaten – auf Augen des Moderators. Mittlerweile haben Einstellungen wie Schnitt das Niveau von „Spiel mir das Lied vom Tod“ erreicht. Trommelwirbel, man hält die Spannung kaum mehr aus. Dann – Werbung.

Über die Gesichter der Beteiligten, meist sogar über die angespannten Augen werden Firmenlogos gelegt. Es folgen Werbeclips. Zurück in die Sendung. Die letzten spannungsgeladenen Sekunden werden wiederholt. Und dann die Erlösung. Der Moderator brüllt heraus, ob die Antwort richtig oder falsch war, so als wolle er den geschaffenen gordischen Knoten zerschlagen. Puh. Geschafft.

Die Gewinner übrigens, das heißt diejenigen, die auch die letzte Antwort richtig abgeben, erhalten keine Million, sondern 500.000 Yen, wobei ich jetzt nicht sagen kann, ob die Sendung eine weitere Variante bereithält und es so etwas wie eine Endausscheidung gibt. So lange kann ich nicht mehr zuschauen. Ermüdet schalte ich aus.

46. Der Fischmarkt und Nikko 07/09/03

Ein Vorteil der Gruppendynamik liegt darin, dass sie die eigene Bequemlichkeit überwinden hilft. Gestern schaffte ich es tatsächlich, den Plan vom Besuch des Fischmarktes einschließlich Auktion umzusetzen. Gegen 5.15 Uhr traf ich Bernd und Thomas, zwei Mitsubishi-Praktikanten, vor dem Haus. Um 5.45 Uhr stieß Amelie, ebenfalls Mitsubishi-Praktikantin, in Shimbashi dazu und um 5.55 Uhr lasen wir Naomi auf.

Als wir uns kurz nach 6 Uhr durch die engen Verkaufsgässchen drängten, fiel allen auf, dass mein großer Rucksack nicht unbedingt zur Idealausrüstung für diesen Ort zählt. Zwei Verkäufer wiesen uns – womöglich um uns möglichst schnell los zu werden – den Weg in die Auktionshallen und hier tollt eine eigene Welt:

Auf dem Boden breiten sich hunderte gefrorener Thunfische mit einer Länge von bis zu zwei Metern aus. Im vorderen Bereich bereits ausgehöhlt, liegen sie friedlich da, während die Versteigerer auf einer kleinen Kiste herumhüpfen und in einem akzentuierten Singsang ihre Tätigkeit verrichten. Selbst diejenigen in unserer kleinen Gruppe, die des Japanischen mächtig sind, verstehen kein Wort. In wenigen Sekunden wird jeder Fisch verkauft, durch kleine Kärtchen gekennzeichnet und auf einen Karren geschafft. Die zumeist recht stämmig gebauten Arbeiter schaffen die Thunfische mit Metallhaken auf die bereit stehenden Karren. Gleich, wo man hier steht – man steht im Weg. Von allen Seiten kommen die Karren, die Marktarbeiter oder die Fische, so dass man ständig ausweichen muss. In den größeren Gängen, die ungefähr eineinhalb Meter breit sind, rasen kleine Transporter mit Ladefläche herbei, von einem stehenden Fahrer kamikazehaft gesteuert. Falls man in Tokyo als Tourist überfahren wird, dann hier. Als wir wiederholt an einer Stelle länger als zwei Sekunden verharren, ruft ein alter Arbeiter, der einen beladenen Wagen hinter sich her zieht: „gaijin, warui na!“, was soviel heißt wie „Ausländer, schlecht!“; das „schlecht“ wird durch das „na“ noch betont.

Wir verlassen die Versteigerungshallen und gehen in die Verkaufshallen. Die Vielfalt der Meeresfrüchte bestaunend, schaue ich auf einen Stand, als Thomas zu mir sagt: „Möchtest du mal richtig frischen Fisch sehen?“ Ich blicke nach rechts. Aus einem Behälter nimmt ein Verkäufer einen zappelnden Fisch, fügt ihm im vorderen Bereich zwei Schnitte zu. Dann nimmt er einen etwa 15 cm langen Metallhaken, welcher von vorne in den Körper des Fisches geschoben wird. Dessen Rumpf schlägt während des Vorganges heftig aus. Der Widerstand des Tieres wird geringer, er haucht mit einem letzten Zucken sein Leben aus. Wie ein Akkordarbeiter greift, schneidet und spießt der Verkäufer einen Fisch nach dem anderen. Zu diesem Bild kommt ein sehr starker Fischgeruch in die Nase, und man hört die Hektik des Fischmarktes. Besucher sollten weder alkoholisiert vom Vorabend noch mit einem generell empfindlichen Magen über den Fischmarkt schlendern. Andernfalls besteht die Gefahr, dass man die ausgestellten Meeresfrüchte ungewollt anreichert, wofür die japanischen Verkäufer wenig Verständnis haben dürften. Nach zwei Stunden haben wir alle genug gesehen beziehungsweise gerochen.

Naomi und ich fahren nach Asakusa, dem Ausgangspunkt für unsere Fahrt nach Nikko. In einem convenience store wollen wir uns mit Lebensmitteln eindecken. Ich greife nach dem bewährten Motto „ich weiß zwar nicht, was draufsteht, wird aber schon schmekken“ in die Regale. Naomi verzieht angesichts eines Produkts, das in meiner Tüte landet, das Gesicht. „Weißt du, was das ist?“ fragt sie, als wir den convenience store verlassen haben, während sich ein Ausdruck von Ekel in ihrem Gesicht ausbreitet. „Was denn?“ frage ich mit leicht aggressivem Unterton, der deutlich machen soll, dass ich mir keinesfalls den Appetit verderben lassen möchte.

„Das ist Natto.“

Jesus, das ist das Gericht, von dem ich gelesen habe, es bereite selbst den Hartgesottensten Grauen. Es besteht aus gegorenem Soja oder etwas ähnlichem – jedenfalls soll bereits der Geruch abschreckend sein, von dem Geschmack ganz zu schweigen.

Ich ignoriere fortan das Thema. Wir besteigen den Zug nach Nikko.

Nach etwa einer Stunde Fahrt nehmen uns gegenüber zwei japanische Damen Platz. Sie sind etwa Mitte 50, doch hat auch dieses Alter ihrer Begeisterungsfähigkeit keinen Abbruch bereitet. Als wir an einem Feld vorbeifahren, an dessen Rand eine (!) Sonnenblume steht, geraten sie völlig außer sich. Die eine deutet mit dem Finger so vehement in die Richtung, dass er gegen die Scheibe knallt und gibt ihre Freude in höchsten Tönen kund, die andere beginnt, in die Hände zu klatschen. Sie hüpft aufgeregt von ihrem Sitz, bis ihr Hut verrutscht.
Als sie etwas Neues entdecken, ich vermute mal, die zweite Sonnenblume oder gar ein Tier, wiederholt sich das Ganze, nur in einer gesteigerten Form. Beide klatschen in die Händchen, kichern, stoßen Begeisterungsrufe aus. Naomi schaut eine der beiden aus den Augenwinkeln an, was diese registriert und aufgeregt ausruft: „hazukashii!" Es handelt sich hierbei um ein bloßes Adjektiv, das für sich schwer zu übersetzen ist. Sinngemäß bedeutet es aber: „wie peinlich!" oder „ich schäme mich!"
Je näher wir Nikko kommen, umso aufgeregter werden die beiden. In einem Vierersitz schräg gegenüber trägt sich ein anderes Schauspiel zu. Eine alte Frau (mindestens 70) fährt mit einem etwa 50-jährigen Mann (wir vermuten ihrem Sohn). Dieser hat offensichtlich Schwierigkeiten, sich selbst anzuziehen. Jedenfalls steht er vor der sitzenden Frau. Sie öffnet ihm die Hose, zieht sie ein gutes Stück weit nach unten, greift ihm von oben tief in die Unterwäsche, prüft offensichtlich, ob dort noch alles richtig sitzt, verstaut sein T-Shirt, zieht die Hose wieder hoch, verschließt sie, er setzt sich wieder hin. Dabei gehen beide vollkommen ungeniert zu Werke, was wohl auch daran liegt, dass kein anderer der Mitreisenden dem Beachtung schenkt.
Der Zug kommt an, wir steigen aus und laufen zum Toshu-gu. Während die Tempel in Kamakura sich vor allem durch ihre Schlichtheit auszeichnen, sind die Nikkos mit Prunk überfrachtet. Bei dem Bau wurde offensichtlich viel Gold verwendet. Die Torbogen sind mit vielen feinen Schnitzereien versehen. Auch nach längerer Betrachtung erkennt man immer wieder ein neues Detail, eine neue Figur. Bekannt ist die an einer Gebäudewand befindliche

Schnitzerei der drei Affen, von denen sich einer die Ohren, ein weiterer die Augen und ein Dritter den Mund zuhält. Sie stehen für das Ideal, dass man nichts Böses hört, sieht und spricht. Für die japanischen Touristen ist es wohl ein must, sich davor mit entsprechender Pose ablichten zu lassen. Entweder stellen sich vor die drei Affen drei Japaner, die genau diese Pose imitieren, oder aber – für den Fall, dass man nur zu zweit anstatt zu viert unterwegs ist – der Fotografierte hält sich mit einer Hand den Mund und mit der anderen wahlweise ein Ohr oder ein Auge zu. Es bilden sich kleine Schlangen japanischer Touristen, die darauf warten, so fotografiert zu werden.

Um den Toshu-gu befinden sich noch weitere Tempel, die den Prunk betreffend, dem Toshu-gu nur wenig nachstehen.

In einer Pause greife ich in meine Vorratstüte und leere sie vollends – bis auf die Reisrolle mit Natto. Bereits beim Öffnen der Verpakkung weht mir ein derart penetranter Geruch entgegen, dass ich die Rolle unauffällig zurück in die Plastiktüte gleiten lasse und – von Naomi unbemerkt – alles zusammen in den nächsten Mülleimer werfe.

Wir laufen zurück zum Bahnhof, besteigen einen Bus nach Chuzenji. Nach circa 45 Minuten erkennen wir: Dies war einer unserer besten Entschlüsse des heutigen Tages. Fünf Gehminuten von der Bushaltestelle entfernt fällt das Wasser bei den Kegon Falls 97 m herab. Wie hypnotisiert bleiben wir stehen und sehen, wie die Wassertropfen nach Überfließen der Schwelle auseinanderfallen und von unten nasser Nebel nach oben zieht. In unmittelbarer Nähe zu den Kegon Falls liegt friedlich der Lake Chuzenji, umgeben von steil nach oben ragenden Hügeln. Man erkennt an den Hügeln schroffe Felswände, die aber nicht offen liegen, vielmehr von einer dichten grünen Bewaldung überzogen werden, als wäre eine dicke grüne Decke über sie gelegt. Die Sonne geht langsam unter, die Hügel rahmen den See schwarz ein.

47. Hokkaido I 08/09/03

Die Regierung von Hokkaido, die Städte Sapporo, Otaru und andere luden die größeren westlichen Botschaften ein, je einen Vertreter zu einer Industrial Tour zu entsenden. Da es das Schicksal gut mit mir meinte, hatte der Leiter des Wirtschaftsabteilung keine Zeit; dessen Vertreter wie die Industriereferentin waren im Urlaub, und auch sonst war kein Kandidat für diese Tour ersichtlich. Ich wurde gefragt und sagte nach einem Blick auf das Programm zu.
Mit der Direktverbindung fuhr ich von Sengakuji zum Flughafen Haneda. Mein Gepäck hatte ich zweimal gecheckt, aber bereits in der U-Bahn beschlich mich das Gefühl, etwas vergessen haben. Ich durchwühlte meinem Kleidersack und wurde auf der Suche nach den – für den japanischen Alltag wichtigsten – Utensilien nicht fündig: Das Kästchen mit den Visitenkarten. Glücklicherweise hatte ich am Vorabend noch 20 Visitenkarten in meinen Geldbeutel gesteckt, aber was sind in Japan schon 20 Visitenkarten?
Ich komme am Flughafen an und finde im „Big Bird" – so ist das Terminal entsprechend seiner Form benannt – die anderen Mitreisenden, die alle – den italienischen Vertreter ausgenommen – im Cafe „Le Ciel" warten. Teilweise erkennt man die Herkunft, bevor auch nur ein Wort gewechselt wird. Der US-amerikanische Vertreter sitzt mit seinem Farmerhemd hingefläzt auf einem Stuhl und grinst mich Kaugummi kauend an. Am elegantesten kommt der italienische Vertreter mit seinem – italienischen – Anzug hereingeschneit. Die Begrüßung durch den japanischen Reiseleiter verläuft sehr entspannt, geradezu lustig, weil er nach jedem zweiten Satz – bei nicht immer erkennbarem Anlass – über sich selbst lacht. Ich bin nicht nur der mit Abstand jüngste Teilnehmer, die anderen glänzen – im Gegensatz zu mir – auch mit diplomatischer Erfahrung, was auf verschiedenen Ebenen deutlich wird. Das beginnt mit den Sprachfertigkeiten. Da sie im Rahmen ihrer Konversation häufig die Sprache wechseln, habe ich den Eindruck, die meisten beherrschen mindestens vier Sprachen fließend. Allerdings ist in diesem Kanon Deutsch regelmäßig nicht enthalten. Ich hoffe deshalb

fortwährend, dass die Konversation – was meist der Fall ist – auf Englisch erfolgt, da ich, sobald sie auf andere Sprachen ausweichen, nur ein paar Brocken verstehe.
Wir steigen in den Flieger ein, eine großen Boeing, die in Japan auf den Inlandsflügen überwiegend eingesetzt wird, woran man unschwer erkennen kann, wie viel hier geflogen wird. Zu meiner Freude werden wir nach links gelotst. Nach einigen Sekunden stelle ich fest: Ich liebe Business Class. Man kann die Beine ausstrecken, es ist genug Platz für das Gepäck, die Sessel sind angenehm. Zu meiner Freude nimmt neben mir der italienische Vertreter Platz, was eineinhalb Stunden lebendige Konversation garantiert. Wir unterhalten uns über Fußball wie Kino und kommen überein, deutsche wie italienische Filme zu schätzen, zumal sie in der Regel einen guten Kontrast zu der teilweise seichten amerikanischen Kost darstellen. Er beschreibt es so: Wenn er mit Freunden im Kino war, konnte man das Herkunftsland des Filmes immer an dem Gespräch im Auto auf dem Rückweg erkennen. Nach einem amerikanischen Film unterhielt man sich stets über Fußball, Frauen oder ähnliches, nach einem deutschen oder italienischen ausschließlich über den Inhalt des Films. Wir wechseln das Thema, reden über Wintersport. Ich erzähle ihm, dass ich vor knapp 20 Jahren in Italien, am Kronsplatz in Südtirol, Ski fahren war. Unter anderem erinnere ich mich daran, wie wir an der großen Gondel morgens lange warten mussten und zweisprachig immer die Aufforderung erfolgte, sich in der Reihe anzustellen. Vor der deutschen Version kam die italienische, die stets mit den Worten „Attenzione, attenzione!“ begann. Mein Nachbar lacht: Dies sei ein witziger Zufall, denn die Bodenstation am Kronsplatz wurde von seinem Vater gestaltet, der später Leiter der Tourismusbehörde in Österreich war. Ihn wundere nur, dass die Durchsage zuerst auf Italienisch erfolgte. Er fuhr als Kind manchmal mit seiner Mutter am Kronsplatz Ski, und er verstand nicht, warum die Leute dort stets deutsch sprachen, er ohne die Hilfe seiner Mutter also nicht einmal ein Sandwich bestellen konnte.

Während des Landeanflugs schaue ich aus dem Fenster und sehe das erste Mal die Landschaft Hokkaidos. Unzählige dunkle Hügel stoßen durch die Wolkendecke, von einer Überbebauung wie in der Kantoebene keine Spur.
Wir kommen in Chitose an und werden direkt in einen Konferenzraum gelotst. Ich sitze – wohl geographisch orientiert – zwischen Italien und Finnland. Wir sind mit Funkkopfhörern ausgestattet, es kommt sogleich zu einer Rückkopplung, die fast einen Gehörsturz verursacht. Dann spricht der Repräsentant von Chitose, nur hat die Übersetzerin vergessen, das Übertragungsgerät anzuschalten. Der Belgier, meine Nachbarn und ich schauen uns etwas ratlos an – wir wollen natürlich auch nicht unhöflich ein „Sorry!“ nach vorne schreien und den Redner stören. Der Italiener rettet mit einem diskreten „sumimasen!“, die Dolmetscherin schaltet das Gerät ein. Sie lacht, die Stimmung ist entspannt.

In dem Konferenzraum wird uns das Essen serviert. Ich registriere in Sekundenschnelle: Ich liebe das Essen hier. Dass Hokkaido durch eine natürliche Landschaft geprägt wird, kann man förmlich schmecken. Der Schwerpunkt liegt auf Fisch, aufgetischt werden aber auch Hühnchenfleisch, Reis sowie Gemüse.

Die Vorstellung von Chitose wird knapp gehalten, wir besteigen den Bus, welcher durch Nieselregen nach Muroran fährt. Der Bus schlängelt sich durch eine Landschaft voller grüner Hügel und hält schließlich an einer Aussichtsplattform, direkt an der Küste gelegen. Die Felsen erinnern sehr stark an Cornwall, den Ausblick können wir allerdings nur bedingt genießen. Als der Bus anhält, erklärt uns die Dolmetscherin, wir müssten etwa zehn Minuten laufen, was angesichts des Regens sowie des starken Windes aber etwas ungemütlich sei. Sie fragt, ob dennoch jemand den Bus verlassen möchte. Neben drei weiteren tollkühnen Männern melde ich mich. Sie fragt ungläubig: „Really?“ Wir nicken. Der Herdenzwang macht sich bemerkbar, denn plötzlich steigen alle aus dem Bus, um sogleich mit ihren Schirmen zu kämpfen. Die ersten stülpen sich nach oben. Am Aussichtspunkt angekommen sind wir alle mehr oder weniger durchnässt – gelohnt hat es sich trotzdem.

Zurück im Bus meint der Italiener im Hinblick auf unseren nächsten Besuchsort: „Now a steel plant is the right place!“ Recht hat er.

In Muroran wird also auch Stahl verarbeitet. Stahl für alle möglichen Zwecke. Ich schlage rein willkürlich eine Seite der Produktbroschüre auf und sehe einen großen Panzer. Ich schließe das Heft wieder.

Was wir dann sehen, fesselt uns aber gleichermaßen. Wir werden zu der Stahlpresse geführt. Ein riesiger zylinderförmiger Stahlklotz wird bei über 1900 Grad Celsius zu einem Quader geformt. Jedesmal wenn die Presse ihn zusammengequetscht, springen aus dem glühenden Klotz Flammen. Das Bild erinnert an große Lavabrokken, aus denen Feuer züngelt, nur dass hier eine Maschine das Geschehen kontrolliert und die Form bestimmt. Obwohl wir 20 Meter entfernt stehen, friert keiner mehr. Als ein Direktor das Schildchen an meinem Anzug sieht, meint er lächelnd: „Ah Germany! The machine is a German one. We imported German machines 65 years ago.“

65 Jahre, denke ich mir, da wurde in Deutschland auch an anderen Stellen Kruppstahl gepresst.

In der Muroran Steel Plant werden zudem Samuraischwerter gefertigt. Hier kann man erkennen, wie leicht Männer im Alter zwischen 27 und 57 zu begeistern sind. Da alle das Sumaraischwert in die Hand nehmen wollen, macht ein Angestellter eine kleine Vorführung und durchschneidet gut hörbar die Luft. Nachdem er seine kleine Katavorführung beendet hat, fragt er, ob jemand das wiederholen wolle. Ich schaue ihn an, er drückt mir das Schwert in die Hand. Alle Kollegen weichen zwei Schritte von mir zurück, bevor ich mit meiner – weit weniger eleganten – Vorführung beginne. So muss sich Bruce Willis beim Testen des Schwertes in „Pulp Fiction“ gefühlt haben, denke ich mir und will es nicht mehr hergeben, tausche es dann aber doch wieder gegen meinen Regenschirm ein.

Gegen 17 Uhr kommen wir an unserem Hotel an. Bereits bei der Anfahrt merkt man, dass sich die Initiatoren der Hokkaido Industrial Tour mächtig ins Zeug gelegt haben. Die Lobby ist feudal ausgestaltet, von den Zimmern ganz zu schweigen. Auf diesem angekommen, surrt mein Telefon. Ich hebe ab, ein Hotelangestellter fragt mich etwas, das ich nicht verstehe. Sein Fragesatz enthält ein mir nicht bekanntes japanisches Wort und endet mit den Worten „right size". Ich bitte ihn zu wiederholen. Er wiederholt, ich verstehe genauso viel wie zuvor. Was könnte er nur meinen, überlege ich, was soll denn die richtige Größe haben. Vielleicht der Raum?

„You mean the room?"

Er ist wohl sehr froh, dass ich ihn nicht um die Wiederholung seiner Frage bitte, denn er bejaht auffallend schnell.

„Oh yes, the room is fantastic."

Er bedankt sich, ich bedanke mich. Beide legen auf.

Seltsam, in welchem Hotel der Welt ruft ein Hotelangestellter nach der Ankunft an und fragt, ob die Zimmergröße genehm sei.

Neben mir ist der italienische Diplomat untergebracht. Möglicherweise weiß er Näheres. Ich klopfe an seiner Tür. Er ist nicht mehr da, vermutlich schon beim Abendessen. Die Zeit wird auch für mich knapp. Ich gehe wieder in mein Zimmer. Auf meinem Bett liegt ein weißes Kleidungsstück, auf dem zweiten Bett (wir bekommen vermutlich immer Doppelzimmer) auch, in einer Schublade finde ich ein weiteres. Schlafanzüge sind das wohl nicht, sonst wären es ja nicht drei. Auf dem Gang höre ich Schritte. Ich springe hinaus und fange gerade noch unsere Dolmetscherin ab.

„Sorry!"

Sie dreht sich ein wenig erschreckt um.

„I've just a question. Maybe you can help me – ehh, is there a special dresscode for dinner?"

„Yes. We usually wear a Yukata."

„What?" frage ich halb verunsichert, halb bestätigt in meiner Vermutung, dass das Ganze irgendwie mit der Kleidung zusammenhängt.

„You've at least three in your room."

Wir kommen dem Ganzen näher.
„Ehh, could you show me, please?“
„Of course.“
Ja, das ist die Rettung. Sie zeigt mir also den Yukata, der gleich vorne auf dem Bett liegt.
O.k., aber wie ziehe ich das Ding an? Ich fühle mich unselbstständig wie ein kleines Kind. Offensichtlich weckt das in ihr Muttergefühle. Sie erklärt mir, die linke müsse über der rechten Seite liegen. Umgekehrt sei es ein Zeichen der Totenverehrung. Trage man den Yukata bei einem schlichten Abendessen in dieser Weise, würde das einen groben Verstoß gegen die Kleiderordnung darstellen. Auch muss der Gürtel so angelegt beziehungsweise gebunden werden, dass er auf den Hüftknochen sitzt.
Was man alles falsch machen kann, wenn man sich nicht auskennt. Ich bedanke mich, ziehe mich bis auf die Shorts aus und den Yukata an.
Mit dem Gefühl, lediglich einen Bademantel zu tragen, mache ich mich mit viel zu kleinen Schuhen, die man zu dem Yukata trägt, auf einen Weg der kleinen Schritte.
In dem Raum tragen alle den Yukata. Er hat den nicht zu unterschätzenden Vorteil, dass er unglaublich bequem ist, was man erst bei einem japanischen Dinner vollkommen schätzt. Denn bei einem solchen sitzt man zumeist im Schneidersitz auf dem Boden. Auf dem Tischchen, das vor einem steht, werden viele kleine Köstlichkeiten serviert. Diese bestehen unter anderem zu einem großen Teil aus rohem Fisch. An diesem Abend schmeckt mir alles, zumal ich großen Hunger habe. Zu den Speisen trinkt man Sake oder Bier.
An diesem Punkt angekommen gehe ich davon aus, mich könne an diesem Abend nichts mehr überraschen. Falsch gedacht.
Der Vorsitzende der Gesellschaft für die Industrial Tour schlägt vor, jeder solle eine kleine Self Introduction geben. Und diese werden meistens in Form von kleinen Reden abgehalten. Ist nicht weiter wild, denke ich mir, bis der smarte holländische Vertreter beginnt, auf Japanisch zu sprechen. Paulo, vom Konsulat in Hokkaido gibt mir auf Englisch eine gebriefte Fassung der Rede, und ich

denke mir: Oho, der Level liegt jetzt aber schon ziemlich hoch. Der Brite macht den Mund auf, auch er redet japanisch. Danach ist der amerikanische Vertreter an der Reihe. Zumindest er wird englisch sprechen, hoffe ich – no chance.
Langsam werde ich nervös.
Angelo spricht japanisch so schnell wie italienisch, ebenso Paulo.
Ich bin an der Reihe. „Kon banwa! Hello, my name is…“ und ich erzähle, von meiner bisherigen Arbeit, meiner gegenwärtigen Tätigkeit, dass ich sehr froh bin, hier sein zu dürfen und was ich an Japan schätze.
Nach mir spricht der finnische Vertreter – zu meiner Verzückung englisch. Dennoch bleiben wir die beiden einzigen gaijins, die nicht mit Japanischkenntnissen glänzen.
Wir spülen den Fisch mit Sake herunter (in diesem Zusammenhang: Sake hat etwa 19% Alkohol), ein japanischer Reisebegleiter gesellt sich zu uns. Nach eigenen Angaben trinke er am liebsten Frankenwein. Er weiß, woher die Form des Bocksbeutels kommt und in welcher Weingegend es gewöhnlich wie viele Grad Öchsle gibt.

Mit weiteren Teilnehmern der Tour gehe ich, schon leicht angetrunken, in den hoteleigenen Onsen. Ich teste fast jedes Wasserbecken und habe nach einer halben Stunde das Gefühl zu zerfließen. Im Umkleideraum treffen wir einen Amerikaner, der in Sapporo eine Kneipe betreibt und sich auf den Import ausländischer Biersorten spezialisiert hat. Er kennt („of course“) das Rauchbier aus dem „Schlenkala“ in Bamberg.
Über 10.000 km entfernt von zuhause doziert ein Japaner über Wein aus Würzburg, und ein Amerikaner bekundet die Vorzüge des Rauchbiers aus Bamberg.

Zum Schluss verschwinden wir in der hoteleigenen Karaokebar. Die wird gewöhnlich gegen 22 Uhr geschlossen, wir singen noch um 23 Uhr.

48. Hokkaido II 09/09/03

Das Wetter meint es heute gut mit uns, der Bus schiebt sich bei guter Sicht ins Hell's Valley. Der Name vermag bereits ein Stutzen auszulösen, indiziert die Vorstellung von der Hölle doch eher einen christlichen Hintergrund. Noch sonderbarer mutet eine etwa 15 Meter hohe rote Teufelsfigur mit Hörnern an, die den Weg ins Höllental weist.
Wie dem auch sei, der Name ist so unpassend nicht: Aus über tausend kleinen Quellen – so steht es auf einem Schild – quillt heißes, schwefelhaltiges Wasser. Der Wasserdampf, der emporsteigt, erinnert an das christliche Bild der Hölle, in der man für die Sünden zu schmoren hat. Nach Besichtigung sowie obligatorischem Foto Shooting werden wir nach Sapporo verfrachtet.
Bewunderten wir bisher überwiegend, was die Natur in Hokkaido zu bieten hat, wird hier präsentiert, wozu Menschen imstande sind. Auf unserem Programm steht „Visit Sapporo Convention Center". Es handelt sich um einen großen Gebäudekomplex mit ansprechender Innenarchitektur. In der „main hall", ausgestattet mit Lautsprechern, Beleuchtung sowie Beamern, werden binnen Minuten die so statisch wirkenden Wände weggefahren, bewegbare Sitzreihen kommen zum Vorschein, auf 2607 qm stehen plötzlich 2500 Stühle. Die hintere Wand wird hochgezogen, ein dünnes Glas vermittelt den Eindruck eines direkten Zugangs zu dem Park außerhalb. Die „conference hall" toppt dies noch – unter ästhetischen Gesichtspunkten. In Naturfarben gehalten, gelingt es dem Architekten, Schnee und Stein, die für Hokkaido charakteristischen Elemente, zu symbolisieren. In einem der kleineren meeting rooms werden wir über die Infrastruktur Hokkaidos aufgeklärt und erfahren auch, dass die laufenden Kosten für den Convention Center über vier Millionen Euro betragen. Das ist ein Wort – zumal der Center nicht gerade ausgebucht zu sein scheint.
Danach ein weiterer Superlativ: Der Sapporo Dome. Grund für dieses Kunstwerk waren drei Fußballspiele, die hier im Rahmen der

WM 2002 ausgetragen wurden. Die Japaner machten keine halben Sachen und stellten ein überdachtes Stadion auf den Platz, das seinesgleichen sucht – und nicht finden wird. Über 41.000 Zuschauer können hier ein Baseballmatch verfolgen. Innerhalb kurzer Zeit verschwindet das Baseballfeld wortwörtlich im Erdboden. Die Bühne dreht sich, ein paar Tausend Zuschauerplätze werden umstrukturiert, ein komplettes Fußballfeld wird durch eine Öffnung ins Stadion gefahren. Es ist möglich, das Feld genauso schnell wieder hinaus zu befördern, die Glasfenster auf Knopfdruck abzudunkeln und ein Konzert auszurichten. Keiner von uns bleibt unbeeindruckt.

Das wirklich Verrückte an der Sache ist aber, dass die Japaner keinen Aufwand scheuen, um solche Wunderwerke zu erstellen – allein der Nutzen (vom rein ästhetischen Gesichtspunkt abgesehen) ist fragwürdig. Denn weder das Convention Center noch der Sapporo Dome wirken auch nur annähernd ausgelastet.

Wir besuchen noch einen Technikpark sowie ein biologisches Institut und einige Kollegen kämpfen sichtbar gegen die Müdigkeit an.

Danach Ankunft am ANA-Hotel Sapporo. Mein Zimmer befindet sich im 19. Stock, der Blick über Sapporo fasziniert. Im Hintergrund die bereits erwähnten steilen Hügel, an deren Fuß die Bebauung beginnt. Diese hat mit der Tokyos wenig gemein. Die Straßen sind breit, es finden sich nur wenige Hochhäuser, und die Gebäude sind überwiegend im nordamerikanischen Stil errichtet. Man hat das Gefühl, gerade in einer kanadischen Stadt zu verweilen, allein die Temperatur von 28 Grad Celsius irritiert.

Nach dem für uns ausgerichteten Empfang schlendern wir durch die Straßen. Es ist offensichtlich, dass die Einwohner hier sehr selten gaijins zu Gesicht bekommen, jedenfalls nicht in der Konzentration. Dementsprechend erweist es sich als schwierig, eine Konversation auf Englisch zu bewerkstelligen. Fasziniert davon, so viele Ausländer zu sehen, geben sie sich aber wirklich Mühe. Eine junge Japanerin will mir einen Flyer für ein Striplokal in die Hand drücken.

„If you explain us, what we can see there, we'll think 'bout it" sagt ein Kollege und schiebt fast schon grausam hinterher „but explain in English."
Das ist zu viel – sie gibt auf.

49. Hokkaido III 10/09/03

Der Kontakt mit vermeintlich Vertrautem wirkt bisweilen recht befremdlich.
Unter anderem steht für den heutigen Tag der Besuch einer Brauerei in Otaru auf dem Programm. Der Begriff Bier erweckt bei meinen Kollegen auch zugleich die Assoziation „German". Denn je mehr wir uns der Brauerei nähern, desto häufiger fällt der Begriff „German".
Wir betreten die Brauerei und werden empfangen von dem Brauereimeister. Einem deutschen Brauereimeister, genau genommen einem deutschen Brauereimeister, der in seiner Trachtenjacke dasteht und grinst. Er hat mein Schild wohl offensichtlich übersehen, denn als ich bei der Besichtigung neben ihm laufe und ihn auf deutsch anspreche, ist er sehr überrascht. Als hätte er einen leichten Stromschlag erhalten, ringt er nach Worten. Man sieht, wie er die verschiedenen Sprachen durchcheckt, „ach ja – deutsch" bleibt im Raster hängen.
Die Brauerei ist international, das heißt japanische Angestellte, koreanische Kessel und: Hopfen aus Bamberg. Schon wieder Bamberg – ich werde langsam traumatisiert.

Es bleibt nicht bei dem Besuch der Brauerei. Der ideale Ort für ein Foto Shooting, so die Meinung der japanischen Leitung, ist der Otaru Canal. Wir stellen uns brav auf, obwohl es schon wieder begonnen hat zu regnen. Damit wir alle auf das Bild passen, schließt jeder den ihm zugeteilten Regenschirm. Alle bis auf John, den amerikanischen Vertreter. In Anbetracht der Dauer wie der Perfektion eines japanischen Foto Shootings lässt er den Schirm offen.
Ein japanischer Fotograph bittet ihn auf Japanisch, den Schirm zu schließen, damit der Hintergrund zur Geltung komme, doch John schüttelt den Kopf. Der Japaner geht davon aus, John habe ihn nicht verstanden. Lächelnd bittet er ihn auf Englisch, den Schirm zu schließen. John kaut weiter auf seinem Kaugummi und meint

schlicht „no“. Der Japaner lächelt etwas unbeholfen. Wohl immer noch in dem Bewusstsein, der zu Fotografierende könne ihn einfach nicht verstehen, läuft er zu uns und gibt per Zeichensprache zu erkennen, der Schirm solle doch bitte geschlossen werden.
John entgegnet: „It's raining. And I don't wanna get a cold.“
Jetzt versteht der Japaner und gibt eine ehrliche, Japan-typische Erklärung von sich:
“But the background is more important!"
John lacht, schließt den Schirm, Foto Shooting, wir gehen in die Fußgängerzone.
In einem „Musikmuseum“ kann man sehen: Die Japaner haben eine eigene Vorstellung von dem Begriff „Museum“. Alle Ausstellungsstücke, zumeist Spieluhren in allen Varianten, können erworben werden – „In fact it's a shop“, wie John zutreffend bemerkt.
Vor dem „Museum“ befindet sich ein weiteres Kuriosum. Eine kleine Nachbildung des „Big Ben“ pfeift gegen 3 Uhr pm die Melodie, die man in London, vor dem Original stehend, hören kann.
Gegenüber steht ein Türmchen, darunter eine Telefonzelle, auf der das Schild „Märchen“ steht. Ich deute darauf und sage zu einer japanischen Reisebegleiterin, es handele sich um ein deutsches Wort. Sie antwortet, das zu wissen, sie wäre schon dort gewesen.
Wie, frage ich sie, es sei doch kein Ort.
Doch, erwidert sie, das stehe für „München“.
Aha – fast richtig geschrieben.
Als ich ihr erkläre, was „Märchen“ tatsächlich bedeutet, findet sie das so lustig, dass sie fortan immer wieder „Mälchen“ wiederholt, lacht und dabei – wie bei Japanerinnen üblich – die Hand vor den Mund hält. Was allerdings München mit einer Telefonzelle zu tun hat, bleibt offen.

50. Sprachbarriere die Zehnte und Sushi zum Frühstück

15/09/03

Nur teilweise erholt von der Woche, wollte ich mich Samstagabend „nochmal kurz“ in Shibuya umschauen. Am Bahnhof traten Bands auf, die ich bis dahin noch nicht gehört hatte. Eine dieser Bands („Solt“) überzeugte. Leider bekam ich nur das letzte Lied mit, das sie zum Besten gaben, dann kam der Verschnitt einer Girlie Group, der schlechter war als jedes denkbare Vorbild, das sich die drei Gruppenmitglieder ausgesucht hatten. Die drei waren adrett als Bedienungen mit netten Schleifchen und Schürzchen gekleidet. Als sie aber ihre Münder aufmachten und in die Mikrofone quäkten, schwand bei mir jede Hoffnung auf eine gute Show. Sie begannen zu singen – ich verließ den Schauplatz mit großen Schritten, um nach anderen Bands in der Gegend Ausschau zu halten. Nach 15 Minuten kehrte ich wieder zurück. Eine der drei jungen Künstlerinnen hatte sich inzwischen Rasierschaum ins Gesicht gesprüht. Sie gab ihre unsäglichen Gesangsqualitäten scheinbar blind preis, doch war klar: Die Vorstellung näherte sich langsam dem Ende.

Tatsächlich begann wenige Minuten später wieder „Solt“ zu spielen. Auf einer kleinen Absperrung sitzend genoss ich die Vorstellung, als neben mir eine junge Japanerin mich anlächelnd Platz nahm. Ich grinste zurück. Sie holte gerade Luft, um etwas zu sagen, überlegte es sich dann aber doch anders und zog nach einer kurzen Überlegungsphase wieder von dannen. „Hm!“, dachte ich mir, „ist wohl doch nicht so einfach.“

„Solt“ kam zum Ende, ich wollte fragen, ob ich denn gleich eine CD erwerben könne und wann beziehungsweise wo sie wieder spielen würden. Der Gitarrist fragte die Sängerin, Rückfrage wie Beratung erwiesen sich als zähes Unterfangen, als sich ein junger Japaner einmischte. Selbstbewusst, beinahe schon forsch, brachte er ein „I speak English“ hervor, wobei er die Ärmel seines Hemdes nach oben krempelte. Tatsächlich war nach kurzer Konversation nicht mehr zu bezweifeln, dass er entsprechend seiner Ankündigung diese Sprache sehr gut beherrschte, ohne jeden japanischen Akzent, vielmehr glaubte ich sogar einen leicht amerikanischen Akzent herauszuhören. Auf meine Frage, weshalb er so gut englisch spräche, antwortete er stolz, mit seiner Familie zehn Jahre in Kalifornien verbracht zu haben. Dabei war er gerade erst 16.

Wir gingen auf die andere Seite des Shibujabahnhofs, der junge Mann verabschiedete sich, ich schaute einer anderen Band zu, als nach kurzer Zeit wieder ein bekanntes Gesicht zum Vorschein kam. Die junge Japanerin startete einen zweiten Anlauf. Sie stand neben mir, lächelte, holte Luft, brachte dann aber nur ein „ehhh" hervor. Ich nickte freundlich und antwortete fragend: „yes?"

Daraufhin war wieder nur ein „ehhh" zu vernehmen, bis sie sich umdrehte und verschwand. So lernst Du keine Europäer oder Amerikaner kennen, dachte ich mir – aber gut, wo ein Wille ist, ist auch ein Weg. Kurz darauf tippte mich jemand an der Schulter. Ich drehte mich zur Seite, ein Amerikaner (Staatsangehörigkeit geschätzt) sprach mich an: „Do you speak English?" Davon ausgehend er wolle mich lediglich nach dem Weg fragen, antwortete ich spontan „yeah". Er drückte mir einen Flyer in die Hand „Then send me a mail. There's a job for you." Schon war er wieder verschwunden. Auf dem Flyer war zu lesen, dass Englischlehrer gesucht werden. So schnell kann man hier also Arbeit finden. An der Nachfrage seitens der Japaner habe ich keine Zweifel.

Ich schlenderte noch eine Weile durch die Straßen um den Bahnhof und entschied gegen halb elf, doch noch mal ins Gaspanic zu gehen. Nicht lang, etwa für eine halbe oder maximal eine Stunde.

Die Musik gefiel mir gut. Nach ungefähr zwei Songs unterhielt ich mich mit zwei Japanerinnen, die neben mir tanzten. Beide wirkten auf die umstehenden Franzosen, Amerikaner und Ghanaer wie Magneten, denn immer, wenn ich mich in ihrer Nähe aufhielt, kamen Männer mit einer der genannten Nationalität zu mir, um mich zu fragen, woher ich die beiden kennen würde. Nach kurzer Zeit wurden die Geschichten, die ich den Fragenden erzählte, immer abenteuerlicher, jedoch zeigte keiner offene Zweifel an meiner Glaubwürdigkeit. Mit jedem weiteren Bier wurde die Musik besser, als ich auf die Uhr schaute, war es halb zwei. Ich überlegte kurz, ob jetzt überhaupt noch eine U-Bahn fahren würde, als zwei Lieder von Eminem gespielt wurden. Die zwei jungen Japanerinnen zählten zweifelsohne zu den größten Eminem Fans an der östlichen Pazifikküste, jedenfalls war ihre Freude nach den ersten Takten nicht zu bändigen. Der nächste Blick auf die Uhr verriet: Es war bereits drei. Jetzt konnte ich sicher sein, dass in Tokyo kein öffentliches Verkehrsmittel mehr fahren würde. Ich wog ab, was sinnvoller wäre: Horrende Taxikosten oder stattdessen noch zwei oder drei Draftbeer, da vernahm ich Klänge, denen ich zuletzt in Kindertagen mit größter Begeisterung gelauscht hatte. 20 Jahre später und fern von Deutschland hörte ich durch die Boxen dröhnen: „Sie ritten um die Wette...". Ich brauchte erst einen Augenblick, um zu begreifen, dass man hier zu „Dschingis-Khan" tanzt. Umgeben von euphorischen Japanern und kaum weniger euphorischen Amerikanern grölte ich auf deutsch mit: „Hey Reiter, Ho Reiter, Hey Reiter, immer weiter...", während einige Japaner den Mund bewegten, offensichtlich ohne den Text zu kennen.

Gegen 5.15 Uhr verließ ich das Gaspanic. Inzwischen war es schon wieder hell. Man konnte spüren, dass auch an diesem Tag das Erreichen der 40-Grad-Marke im Rahmen des Möglichen war. Um halb sieben fiel ich in mein Bett, gegen elf stand ich auf und frühstückte Sushi.

51. Sumo 15/09/03

Nach kurzem Schlaf und Sushifrühstück traf ich mich mit Bernd, um in das Tokyoter Stadtviertel Ryogoku zu fahren, wo im Kokugikan zur Zeit eines der jährlich sechs großen 15-tägigen Sumoturniere stattfindet. Drei dieser sechs großen Turniere werden hier ausgerichtet. Das Umfeld des Kokugikan wird von aufgestellten kleinen Sumostatuen oder Sumorestaurants geprägt.
Wir lasen unterwegs noch vier Kollegen Bernds auf, darunter einen Japaner mit mäßigen Ortskenntnissen. Als wir in Ryogoku ankamen, ergoss sich ein Wolkenbruch über uns. Wir hasteten in den Kukugikan, und bereits der erste Anblick des Innenbereichs der großen Halle beeindruckt. Über dem Dohyo, dem Sumo-Kampfplatz mit circa 4,5 m Durchmesser, hängt ein großes Holzdach. Die Tracht des Schiedsrichters hat Shinto-Wurzeln, wie auch die übrigen Rituale des Aufstampfens, des Streuens von Salz sowie des Mundausspülens einen religiösen Hintergrund haben. Die Kämpfer heißen Rikishi, also „Kraftmänner". Wenn man sie kämpfen sieht, kann man sich auch davon überzeugen, dass sie diesen Namen verdienen. Es handelt sich also keinesfalls um bloße Speckbäuche. Die Kämpfe waren teilweise spektakulär. Die größte Zuschauergunst fanden die Duelle, bei denen es schnell hin- und herging, und derjenige, der an den Rand des Dohyo gedrängt wie der sichere Verlierer aussah, sich plötzlich drehte und den Gegner aus dem Ring beförderte. Verloren hat übrigens derjenige, der zuerst den Ring verlässt oder den Boden mit einem anderen Körperteil als den Füßen berührt.
Bei einem solchen Turnier geht es sehr gesittet zu. Abgesehen von der letzten Stunde, in der auch vereinzelte Anfeuerungsrufe nach vorne drangen, hatte ich das Gefühl, eher einer Theater- oder Musicalvorstellung denn einem Sportereignis beizuwohnen.
Mit den Plätzen für diese Vorstellung hatten wir weitgehend Glück. Wir hatten mit 3.500 Yen pro Karte zwar billige Tickets gekauft, setzten uns aber auf den Rängen weit nach vorne. In der unmittelbaren Nähe des Dohyo zu sitzen, ist nicht unbedingt von

Vorteil, da bei Würfen die Kämpfer den Kampfplatz einige Male verließen, gemeinsam auf die ganz vorne sitzenden Zuschauer flogen und dabei in zwei Fällen noch weitere drei Reihen platt walzten. Bei einem Gewicht der Kämpfer von bis zu 230 kg dürfte das auch für die größten Sportfanatiker am Ring ein zweifelhafter Genuss gewesen sein.

Auf unseren Plätzen wurden wir regelmäßig von den später eintreffenden Platzberechtigten vertrieben. Wir schauten dann immer verblüfft, entschuldigten uns für das „Versehen“ und gingen in die nächste freie Reihe. In unserer Gesellschaft befand sich wie oben erwähnt ein Japaner, der, wenn man ihm etwas erzählte, eine Lautfolge von sich gab, die ich schon des Öfteren bei Japanern bemerkt beziehungsweise vernommen habe. Im Deutschen bringt der Zuhörer das Verstehen eines Textes mit einem „Hm!“, einem „Aha!“ oder – in ganz interessanten Angelegenheiten – einem mehr oder weniger lang gezogenen „Ach so!“ zum Ausdruck. Bei männlichen Japanern hingegen kann man häufig zunächst ein Brummen vernehmen, das sich schwer beschreiben lässt: Den Laut erinnert an ein „o“. Nur wird dieses „o“ nicht vorne am Mund gebildet, sondern brummt aus den Tiefen des Bauches und artikuliert sich im hinteren Gaumenbereich, so dass es – in krassen Fällen – einen leicht animalischen Klang annimmt. An dieses Brummen schließt sich bisweilen ein schnell gesprochenes „sosososo“ an.

Da dies auch Bernd auffiel und wir es zu imitieren suchten, fanden wir es exorbitant witzig, unserem japanischen Freund irgendeine Frage zu dem Turnier zu stellen, die uns nicht wirklich interessierte, zumal der Japaner sie in der Regel nicht überzeugend beantworten konnte, da er eigenen Angaben zu Folge kein großer Sumofan war. Bei Erhalt der Antwort röhrten wir unisono ein tiefes „Oooohhhhhh“, an das sich ein „sosososososo“ anschloss. Erst als wir uns später in dieses Ritual reinsteigerten und bei jeder Antwort – ungeachtet der Kürze – so reagierten, wurden wir durchschaut. Unser Gefährte beantwortete in der Folge keine unserer Fragen mehr mit dem nötigen Ernst. Als zum Beispiel vor den „großen Kämpfen“ der Meister (diese werden immer am Ende des Tages ausgetragen und mit einem Aufmarsch der Meister aus den ver-

schiedenen „Ställen“ eingeleitet), Lakaien Schilder um den Kreis trugen, die der Werbung dienten, meinte unser Kollege, befragt nach der Aufschrift der Schilder, es würde sich um die Werbeanzeigen diverser Nachtclubs handeln, die mitteleuropäische Tänzer suchten.
Oooohhhhh – sosososo.

52. Der oberste Gerichtshof 16/09/2003

In Japan zieht man nicht gerne vor Gericht. Dementsprechend ist die Aufteilung der Gerichte weniger ausgefeilt als in Deutschland. Es gibt lediglich einen obersten Gerichtshof, an dem sage und schreibe 15 Richter arbeiten.

Das imposante Gebäude, in dem dieses Gericht tagt, befindet sich nahe dem Kaiserpalast. Es erinnert den Besucher an eine Festung. Man tritt ein, betrachtet in der Halle Wände mit großen Granitsteinen, die sehr massiv wirken und den Eintretenden klein erscheinen lassen. Auf der rechten Seite steht eine Justitia, deren Augen nicht verbunden sind. Ich frage den japanischen Begleiter, ob die Justitia in Japan etwa nicht blind sei. Er lächelt wissend. Nein, das sei schon richtig so, die Japaner verknüpften westliche Einflüsse mit der östlichen Kultur. Das Schwert sowie die Waage seien westlich, das Gesicht in Anlehnung an die Göttin Kannon östlich. Und Kannon habe die Augen nicht verbunden. Wieder fällt auf, dass die Japaner keinen allzu großen Wert auf kulturelle oder religiöse Trennschärfe legen. Als ich das letzte Mal vor einem Tempel stand, neben dem auch eine Pagode errichtet worden war, fragte ich einen Japaner, welches dieser Gebäude shintoistisch, welches buddhistisch sei. Er zuckte mit den Schultern. Wie, fragte ich, er müsse das doch wissen. Nein, entgegnete er, die Abgrenzung sei hier völlig egal und außerdem wohl kaum möglich.

Wir betreten den großen Gerichtssaal. Auch hier zielt die Architektur darauf ab, den Eintretenden einzuschüchtern. Die Mauern bestehen aus Granitsteinen, die Leuchter sind ebenfalls massiv, an der Wand hinter den 15 Stühlen der obersten Richter wird auf zwei großen Wandteppichen die Sonne dargestellt, während sich auf der Seite des Zuschauerraumes – der im Übrigen wesentlich schwächer beleuchtet ist – der Mond wiederfindet.

Auffallend ist die Ruhe, die in dem gesamten Gebäude vorherrscht. Hiernach befragt, meint unser Begleiter, dies sei geradezu typisch, da nicht oft verhandelt werde.

Sonderbar, schließlich ist es doch der höchste Gerichtshof für alle denkbaren Rechtsstreitigkeiten. Wie oft denn in diesem Gebäude verhandelt werde, frage ich nach.
„Nur ein paar Mal in der Woche", lautet die Antwort.
Nicht sehr konkret. Nächster Versuch: „Wie oft wird denn im großen Gerichtssaal verhandelt? Durchschnittlich einmal in der Woche?"
„Nur manchmal im Jahr", schließlich fügt der Befragte hinzu: „Dieser Gerichtshof wird mehr von Besuchern genutzt, die ihn besichtigen wollen."

Die Japaner ziehen nicht gerne vor Gericht. Ein wahrhaft großer Unterschied zu Deutschland. Ähnlich verhält es sich mit Verfassungsänderungen. Während es in Deutschland regelmäßig zu einer Änderung des Grundgesetzes kommt, gab es seit In-Kraft-Treten der japanischen Verfassung nach dem Zweiten Weltkrieg keine einzige Verfassungsänderung. Nicht, dass eine solche nicht erforderlich gewesen wäre. Gerade im Hinblick auf Art. 9 der japanischen Verfassung hat sich die Realität von dem Gesetzestext entfernt, denn nach dieser Norm soll Japan keine Streitkräfte haben und keine militärische Gewalt ausüben. Unter Chapter II („Renunciation Of War") Article 9 findet man im ersten Absatz der englischen Ausgabe: „Aspiring sincerely to an international peace based on justice and order, the Japanese people forever renounce war as a sovereign right of the nation and the threat or use of force as means of settling international disputes." Im zweiten Absatz wird der Wortlaut dann noch konkreter: „In order to accomplish the aim of the preceding paragraph, land, sea and air forces, as well as other war potenzial, will never be maintained."
Als die Armee wieder gegründet wurde, bezeichnete die Regierung sie als „Polizeikräfte". Als die Aufgaben und Strukturen mit einer Polizeieinheit rein gar nichts mehr gemein hatten, sagte die Regierung, dass eine Armee zur Verteidigung möglich wäre. Jetzt, als japanische Truppen in den Irak sollen, erklärt die Regierung, Art. 9 stehe einem Truppeneinsatz im Rahmen der UN nicht entgegen.

Warum wird an Stelle dieser sonderbaren Gesetzesauslegung nicht die Verfassung geändert, frage ich den Übersetzer.
„Weil keiner damit anfangen will. Wenn jemand eine Änderung des Art. 9 der Verfassung vorschlägt, wird er als Friedensgegner beschimpft.“

Die Japaner verlassen nicht gerne ihre ausgetretenen Pfade. Sie drehen die Wurzeln.

53. Sicherheit, Organisation und Technik

18/09/2003

In dem eine Autostunde von Tokyo entfernten Tsubuka befindet sich ein Forschungszentrum. Genauer gesagt ist Tsubuka ein Forschungszentrum. Erforscht wird dort alles Mögliche und zwar derart, dass man auch gern die verschiedenen Botschaften zu einer Besichtigung einlädt.
Bereits am Treffpunkt für die Abfahrt des Busses fällt auf, wie schwach hier westliche Botschaften repräsentiert sind. Dementsprechend ist der Bus fest in afrikanischer und asiatischer – insbesondere iranischer – Hand. Der Blick auf den Zeitplan in einer der vier Broschüren verrät: Die Japaner arbeiten stets minutiös. Beispielsweise kann man lesen: „13.30-13.35 Greetings." Dementsprechend werden die weiteren Termine mit fünfminütiger Genauigkeit angegeben. Diese Pläne enthalten aber nicht nur leere Drohungen. Wie wir später zu spüren bekommen, werden sie auch penibel eingehalten. Um fair zu bleiben, sei an dieser Stelle festgehalten, dass dies wohl auch der Grund dafür ist, dass die hiesigen öffentlichen Verkehrsmittel, im Gegensatz zu den deutschen, die Fahrgäste sehr pünktlich befördern.
Zunächst erfolgt ein plangemäßer Besuch des Wissenschaftszentrums für Raumfahrt. Uns wird neben den verschiedenen Simulatoren auch die Astronautenkost vorgeführt. Zu meinem Bedauern dürfen wir allerdings das eingetütete Mahl nicht probieren. Unsere Übersetzerin versichert uns aber, es schmecke besser als es aussehe. Wir erreichen um 12.50 Uhr das Hotel, an welchem wir uns nach den Grußworten über ein Büffet stürzen dürfen. Der Weg in die Empfangshalle ist wohl länger als von den Organisatoren geplant, weshalb wir mit dreiminütiger Verspätung dort eintreffen. Nervosität liegt in der Luft. Als die 20 ausländischen Wissenschaftler für Erdbebenforschung sich – noch vor Eröffnung des Büffets – vorstellen sollen, werden sie ermahnt: „We are late. Not longer than 15 seconds."
Nun kann man sich ausmalen, dass bei Wissenschaftlern, die einen langen Namen tragen, dies gerade zur Nennung desselben und –

unter günstigen Umständen – des Herkunftslandes ausreicht. Manche fühlen sich dabei offenkundig unter Druck gesetzt, weswegen man weder das eine noch das andere versteht.
Das Büffet wird eröffnet. Ich habe eine aussichtsreiche Startposition, doch meine Kollegen aus den oben genannten Ländern sind nicht minder begabt. Als ich in einer Konversation stecken bleibe, erfolgt bereits die erste Aufforderung der Organisationsleitung, zum Bus zurückzukehren, „cause we are late." Es ist mittlerweile, sage und schreibe, 13.17 Uhr. Wie alle anderen auch ignoriere ich die Aufforderung, um mich nochmal nach einem Nachtisch umzusehen. Das traurige Resultat: Verbliebene vier Orangen- und zwei Zitronenstücke. 50 % dieses Überbleibsels landen auf meinem Teller. In Sekundenschnelle schlucke ich das Obst hinunter, als die harsche Aufforderung ausgesprochen wird, nun endlich zu dem Bus zurückzukehren, da dieser sonst ohne uns abfahren würde, es wäre schließlich schon 13.21 Uhr. Gegen 13.31 Uhr vernehmen wir die eingangs erwähnten Grußworte. Es folgen drei Vorträge zur Erbebenforschung. Einer dieser Vorträge kann als anschaulich und gelungen bezeichnet werden.
Danach – plangemäß um 14.35 Uhr – erfolgt die Demonstration der verschiedenen Einrichtungen. Diese beginnt zunächst einmal damit, dass alle im Eingangsbereich des Vorlesungsgebäudes einen Helm aufsetzen müssen. Dieses Gebäude strahlt soviel Gefahr aus wie jedes andere Vorlesungsgebäude auch. Aber gut, denke ich mir zunächst, es wird vermutlich einen Grund geben. Wir verlassen das Gebäude und laufen bei nahezu 40 Grad Celsius durch die Parkanlage.
Zur Erläuterung: Bei hoher Luftfeuchtigkeit sowie brütender Hitze zieht eine Gruppe von zehn Botschaftsvertretern – wir wurden in Gruppen eingeteilt – mit Sicherheitshelmen auf den Köpfen durch einen Park. Über uns zwitschern die Vögel, die Sonne blinzelt durch die Bäume, aber weit und breit ist nicht der geringste Anlass dafür erkennbar, warum wir einen Schutzhelm tragen. Vor der Gruppe läuft ein pausbäckiger japanischer Student, der mit seiner Brille aussieht wie der Klassenprimus schlechthin. Er schwenkt wild ein hocherhobenes Fähnchen, damit jeder der zehn sich auch

nicht verläuft. Abgesehen von uns elf ist keine Menschenseele zu sehen, er aber schwenkt das Fähnchen, als wolle er eine japanische Touristengruppe durch den Bahnhof Shinjuku lotsen.
Das Bild ist grotesk. Subversiv nehme ich den Helm ab und trage ihn fortan in der Hand. Die Diplomaten schauen skeptisch, leuchtet wohl auch ihnen die Helmtragepflicht nicht so recht ein, belassen den Helm aber weiterhin auf dem Kopf, während ihnen der Schweiß über das Gesicht rinnt. Auch in den Räumlichkeiten, die wir sodann betreten, ist nicht im Entferntesten eine Gefahr erkennbar.
In einem Ofen wird die Resistenz verschiedener Materialien getestet. Vor der Demonstration erfolgt die Aufforderung zurückzutreten, „cause it is dangerous" wie der Begleiter vielsagend hinzufügt. Ich überlege mir, ob es jetzt nicht vielleicht doch besser wäre, den Helm aufzusetzen. Ein paar Flammen kommen aus einer entfernten Wand. Die Gaszufuhr wird erhöht, es rauscht ein bisschen, der Ofen wird abgeschaltet. Vom Nervenkitzel sind wir so weit entfernt wie beim Anschauen eines Rosamunde Pilcher-Films.
Der Begleiter will uns eine Erklärung abgeben, die übersetzt wird. Neben der Übersetzerin steht eine Hilfskraft, ausgestattet mit einem tragbaren Lautsprecher, inklusive Mikrofon. Das Mikrofon hält sie derart vor die Box, dass es zu einer Rückkoppelung kommt. Um dem Quietschen ein Ende zu bereiten, schaltet sie das Gerät aus. Sie schaltet es wieder an – es quietscht. Das Ganze wiederholt sich viermal. Die Übersetzerin verzichtet auf das Mikrofon, weshalb man wenig versteht.
Nächstes Gebäude: Windkanal. Der dort zuständige Bearbeiter ist mit dem gleichen Lautsprechersystem ausgerüstet. Auch er hält das Mikrofon vor die Box, es kommt zu einer Rückkoppelung. Das Trauerspiel wiederholt sich bei wechselnder Personenbesetzung in den anderen Räumlichkeiten.

Zur Klarstellung: Wir befinden uns in Tsubuka, einem der führenden Technik- und Wissenschaftszentren.
Japan lässt mich noch immer staunen.

54. Geschichte 19/09/2003

Katsu, einer unserer japanischen guards, lud mich zum Essen ein. Wir trafen uns zweckmäßigerweise gleich in Hiro, und von vornherein war die Begeisterungsfähigkeit meines Gastgebers unverkennbar. Die Entscheidung, wohin wir gehen sollten, überließ er mir; also suchten wir den nächstgelegenen Koreaner auf.
Sobald ich anfange, irgend etwas zu erzählen, blitzen seine Augen auf, er reibt sich die Hände oder klatscht selbige zusammen. So spannend kamen mir meine Geschichten bisher noch nie vor. Damit das Gespräch nicht zu einseitig verläuft, frage ich hin und wieder, bohre bei einzelnen Themen nach. Wie zum Beispiel sehen die Japaner die Deutschen?
Nach Ansicht der Japaner gebe es sehr viele Gemeinsamkeiten: Beispielsweise stehe in beiden Kulturen das Gruppenwohl im Vordergrund, während etwa die US-Amerikaner überwiegend Individualisten seien. Japaner wie Deutsche seien sehr tüchtige Arbeiter, beide Gesellschaften hätten ähnliche Probleme. Die Japaner seien Deutschland gegenüber überwiegend positiv eingestellt.

Mein Gesprächspartner dämpft die Stimme und blickt nach unten.
„So, Sebastian, I've question, but you don't have to answer this. Do you like your country? Germany, I mean...history?"
Ich ahne die Richtung der Frage.
„You mean, if I like Germany and its history including or inspite of the part of the NS-regime?"
Erleichtert, aber immer noch gedämpft, bringt er ein „yes!" hervor.
Ich schildere meinen Standpunkt, erwähne die besondere Verantwortung Deutschlands wie auch die Vorzüge eines offenen Umgangs mit der Geschichte.
Katsu nickt stetig und bringt vor, die Problematik sei in Japan prekärer. Die Japaner hätten sich nie öffentlich bei den ehemals von ihnen besetzten Ländern Korea und China entschuldigt. Das Verhältnis zu diesen Staaten sei infolgedessen noch immer erheblich

belastet. Dies habe er selbst schon von Angehörigen beider Nationalitäten zu spüren bekommen.
Er vertritt die Ansicht, man solle über die Vergangenheit nach Möglichkeit nicht mehr sprechen. Ob dies typisch japanisch ist oder auf eine fehlende Dialogbereitschaft der anderen Staaten zurückgeht, bleibt dahingestellt.

55. Beben 20/09/2003

In der Mythologie des alten Edo wurden Erdbeben damit erklärt, dass Tokyo auf einen Wels gebaut sei. Dieser rege sich von Zeit zu Zeit, was ein Rumoren der Erde und das Einstürzen von Häusern zur Folge habe. Die bisher einzigen Berührungspunkte mit den Earthquakes hatte ich in dem Erdbebenforschungszentrum in Tsubuka letzte Woche – sieht man von den Wahrnehmungen Ruths ab, die entgegen ihrer Überzeugung nur auf den Abrissarbeiten an dem alten Botschaftsgebäude gründeten.
Ich weiß nicht, welcher Wels sich heute nicht wohl fühlte, er war jedenfalls nicht allzu klein. Gegen 13 Uhr legte ich mich noch einmal hin und wurde nach kurzem Schlaf plötzlich heftig wachgerüttelt.

Der Boden fängt an zu knarren, das Bett schaukelt hin und her. Ich springe aus ihm, die Müdigkeit ist verflogen, mein Puls steigt sprunghaft an. Wohin soll man bei Erdbeben gehen? Unter die Tischplatte oder den Türrahmen, kommt mir in den Kopf. Nur sehen sowohl Türrahmen als auch die zur Verfügung stehenden Tischplatten alles andere als stabil aus. Ich entscheide mich für den Türrahmen. Es scheint, als würde ein Riese das Haus anfassen und kräftig durchrütteln. Vor dem Auge laufen Verschüttungsszenarien ab. Nach etwa 15 Sekunden, die mir wie eine Ewigkeit vorkommen, ist der Spuk vorbei. Ich spüre meinen Herzschlag und warte auf ein Nachbeben. Es bleibt ruhig. Der Wels hat sich wieder schlafen gelegt. Ich bleibe wach.

56. Heimatkontakt 22/09/2003

Vor meiner Ankunft in Deutschland las ich in einem Reiseführer: „Tokyo – Kulturschock vorprogrammiert." Nach einigen Wochen im Kulturschockzentrum prophezeite mir eine Kollegin, nach meiner Rückkehr warte in Deutschland ein weiterer Kulturschock auf mich. Jaja, dachte ich mir, so sehr werde ich den Alltagsrhythmus hier nicht aufnehmen.

Die Adaption der Umwelt ist ein schleichender Prozess. Kaum spürbar verändern sich die Wahrnehmungen, bis an einem bestimmten Punkt die Veränderung unverkennbar wird. Am Samstag kam Sandro, ein Freund aus Würzburg, um mich hier zu besuchen. Der Kontakt mit der Heimat beschert regelmäßig große Freude, hört man doch wieder von gemeinsamen Bekannten, die man sich zu den Worten des Erzählenden bildlich vorstellen kann. Andererseits steht Sandro im starken Kontrast zu der japanischen Umgebung. Sind die Japaner doch eher fein und zierlich, sticht der Hobby Bodybuilder mit über 90 Kilogramm Masse bereits optisch deutlich hervor. Es war uns nicht möglich, in einem Doppelsitz der U-Bahn oder des Busses Platz zu nehmen, empfinde doch bereits ich, der zehn Kilo leichter ist, einen Einzelsitz als recht beengend. Wenn Sandro Geschichten aus der Heimat erzählt, habe ich das Gefühl, er brüllt sie für den ganzen Zug heraus, während sich die Umsitzenden gewohnt leise artikulieren. Die Situation in der U-Bahn war bezeichnend: 60 Japaner erzeugen gemeinsam nicht annähernd eine Geräuschkulisse wie mein plaudernder Besucher.

Umgekehrt hat aber auch er mit den Tücken Tokyos zu kämpfen, die ich mittlerweile nicht mehr als solche wahrnehme. Erstaunt muss er feststellen, dass es selbst im 45. Stock des Rathauses von Shinjuku kein leichtes Unterfangen ist, eine „heiße Schokolade" auf Englisch zu bestellen. Und dass man Nachfragen hinsichtlich der Zubereitung („is that with real milk?") am Besten gleich unterlässt, da sie nur die Bedienung verwirren. Und dass die Türrahmen hier in vielen Häusern kleiner sind – nachdem er dreimal gegen den meines Zimmers gekracht ist, weiß ich noch immer nicht, wer zuerst nachgibt: die Tür oder Sandros Kopf. Und dass hier auch Hühnchenbrust roh serviert wird. Und die Japaner, die an ihm vorbei wollen, ihn weder antippen noch ansprechen, sondern hinter ihm stehen bleiben und sich unentwegt verbeugen, weil sie sich nicht trauen, einen mitteleuropäischen Godzilla um ein Passieren lassen zu bitten.

57. Sandro in Tokyo 29/09/2003

An einer Geschichte, die man nicht selbst erlebt hat, klebt ein Makel: Es verbleibt der verwässernde Nachgeschmack einer zweifelhaften Authentizität. Doch fügen sich die folgenden Erlebnisse meines Besuchers so nahtlos in die meinigen ein, dass seine Glaubwürdigkeit nicht in Frage steht.

Als begeisterter Musikfreak und CD-Sammler fand Sandro im HMV-Store Shibuyas natürlich ein Paradies vor. Mit diesem Fund war er aber noch nicht zufrieden. Meine Warnungen, die Japaner nicht völlig zu verunsichern, in den Wind schlagend, fragte er auf Englisch einen Angestellten nach Titel und Interpret des gerade über die Lautsprecher zu vernehmenden Songs. Der Angestellte bekam selbstredend Schweißausbrüche, er zog zwei weitere Kollegen hinzu. Alle drei wurden extrem nervös, bis sie sich in Teamwork gemeinsam den Inhalt der Frage erschlossen hatten. Die Antwort war den dreien als gute Angestellte sogleich bekannt, nur wie sollten sie diese dem gaijin mitteilen? Aufschreiben kam für sie, der lateinischen Schrift nicht mächtig, nicht in Betracht – aus diesem Grund finden sich auf den CDs aller nicht japanischen Bands Aufkleber mit den Titeln der Songs und dem Bandname in Katakana, was für den Nichtjapaner wiederum das Auffinden der CDs immens erschwert – Aussprechen schon gar nicht. Wie löst der japanische Angestellte das Problem? Er führt den Kunden lächelnd, fortwährend verbeugend wie entschuldigend durch zwei große Stockwerke vor ein Regal, holt die betreffende CD aus dem Ständer und gibt sie ihm in die Hand.

Am folgenden Tag standen für Sandro weitere Tokyo-Klassiker auf dem Programm, wie der Fischmarkt („das Sterben liegt dort in der Luft – danach hatte ich keinen Hunger mehr") oder das John-Lennon-Museum. Bereits die Anreise zu Letzterem stellt eine kleine Odyssee dar, was wohl auch der Grund dafür ist, warum nur sehr wenige Besucher dorthin gelangen, genauer gesagt, Sandro an diesem Tag keinen einzigen weiteren Besucher sah. Dies ändert aber nichts daran, dass es höchst aufwendig errichtet und unterhalten wird. In dem angrenzenden Souvenirshop wie im Servicebereich des Cafes arbeiten je vier Angestellte, wobei die Arbeit hier in dem meist vergeblichen Warten auf Kunden besteht. Am Eingang des Museums warten eine Japanerin an der Information, eine am Ticketverkauf, eine am Ticketabriss. In dem Museum finden sich in jedem Raum weitere Wächter, meist weiblichen Geschlechts. Die Angestellten waren über Sandros Anwesenheit so erfreut, dass sie es sich nicht nehmen ließen, ihn stets persönlich zu der Toilette zu geleiten, davor auf ihn zu warten und ihn dann wieder zurück in den Raum zu führen.

Ein ähnliches Schauspiel trug sich im Landmark Tower Yokohamas zu. Die dortige Maschinerie könnte wohl spielend 10.000 Besucher am Tag bewältigen. Warteschleifen wie ein großer Personalstamm stehen bereit. Wenn auch nur ein einziger Besucher aufkreuzt, weichen die Angestellten aber nicht von ihrem antrainierten Programm ab. Sie lassen diesen Besucher einen großen Sicherheitsabstand zu dem Aufzug einhalten, damit er nicht von weiteren 1.000 (imaginären) Besuchern gegen die Tür gedrängt wird, wenn diese sich öffnet. Auf der anderen Seite bedingt die gähnende Leere keine Demotivation oder gar Unfreundlichkeit der Arbeitenden – der Kunde beziehungsweise Gast bleibt König. Eine sehr attraktive Japanerin bestieg gemeinsam mit Sandro den Aufzug, der die beiden 69 Stockwerke nach oben befördern sollte. Sandro blickte sie an, und als die Aufzugtüre sich schloss, blitzten durch seine Phantasie Sex-im-Aufzug-Vorstellungen. 69 Stockwerke – in dieser Zeit könnte man etwas bewegen. Kaum hatte sich die Tür geschlossen, setzte die Aufzugbegleiterin zu einem kleinen japanischen Vortrag an. Doch nach den ersten, in hohen leisen Tönen vorgetragenen Worten, zuckte Sandro nur verlegen lächelnd mit den Schultern. Sie lächelte ihn ebenfalls an und zog einen Zettel hervor, auf dem 38 englische Worte standen („You are in the fastest elevator of the world. The maximum speed is 750 m / minute…"). Er hatte den Text gerade fertig gelesen, als er ein hohes „Ding" vernahm. Er war im 69. Stock. Jeglicher Rest einer Phantasie war beseitigt.

Wieder am Boden angekommen, bot ihm eine Einwohnerin der Hafenstadt Esskastanien an, die mit einem Wert von 1.000 Yen ausgeschildert waren. Er gab ihr einen 1.000 Yen-Schein, wunderte sich aber darüber, dass die Japanerin damit noch nicht zufrieden war, da sie – natürlich auf Japanisch – auf ihn einredete, nicht ohne ihn dabei anzulächeln und sich zu verbeugen. Schließlich holte sie ein 50 Yen-Stück aus der Kasse und zeigte es ihm. Da sie es nicht aushändigte, war klar: Sie wollte ein solches von ihm. Anstatt einfach zu bezahlen, fragte er nach: „Why?" Die Frau wurde hektisch, eine weitere Japanerin kam hinzu, ihre Landsmännin schilderte ihr das Problem, beide redeten auf ihn ein. Als sie merkten, dass Sandro auch nicht über rudimentäre Japanischkenntnisse verfügt, versuchten sie es mit der Sprache, die den meisten Langnasen geläufig ist: „Tas, tas" wiederholten sie. „What?" fragte Sandro nach. „Tas; t – a – s". Er verstand immer noch nicht. Die Aussprache der beiden verfärbte sich langsam und näherte sich einem „tax" an. „Ah, you mean tax" antwortete Sandro, er gab ihnen das 50 Yen-Stück. Die Freude der beiden Einheimischen war groß. Sie lachten fröhlich, verbeugten sich und wiederholten fortwährend „hai, tax, tax".

58. Der Anruf

29/09/2003

Die Kontaktaufnahme mit der Heimat in den ersten Tagen nach der Ankunft ist kein Kinderspiel – das erfuhr ich selbst. Es beruhigt aber ungemein zu hören, dass man ein Schicksal teilt.
Den Entschluss, zu Hause anzurufen, fasste Sandro schon, als er am Flughafen Narita ankam. Er besorgte sich deshalb eine Telefonkarte, die aber – was er zu diesem Zeitpunkt noch nicht ahnte – für „international calls" ungeeignet war.
Doch wollte er sich auch nach einer Woche nicht eingestehen, die aufgewendeten 1.000 Yen damit in den Wind geschossen zu haben. Also testete er mit dieser Karte diverse Telefonzellen – stets ohne den ersehnten Erfolg. Letztlich wollte er sich mit diesen Fehlschlägen schon abfinden, da lächelte ihn eine Telefonzelle an, die nach seiner Vorstellung die letzte sein sollte. Er betrat sie, schob die Karte wieder ein – es tat sich nichts. Unter dem Apparat befand sich ein Kasten, aus dem man laut Aufschrift Karten für international calls ziehen konnte. Sandros Augen begannen zu leuchten, er investierte weitere 1.000 Yen, zog die Karte, schob sie in das Kartentelefon, wählte die Nummer; jedoch wiederum ohne Erfolg. Langsam kroch die Ungeduld in ihm hoch und schlug in Wut um. In diesem Moment sprach ihn ein der englischen Sprache mächtiger Japaner an und fragte, ob er helfen könne. An dieser Stelle sei noch angefügt, dass es sich um einen gewöhnlichen Arbeitstag handelte, an dem der Japaner, gekleidet mit Anzug sowie Krawatte, wohl noch zu arbeiten gedachte.
Sandro erklärte die Lage, der Nachfragende nahm die Karte und tippte – wohl in dem Glauben, der gaijin könne nicht richtig wählen – die Nummer. Allerdings führte auch dies nicht zum Ziel. Der japanische Samariter zückte daraufhin seine eigene Karte für national calls, mit der er bei der Telefongesellschaft anrief. Nach einer zehnminütigen Orts- und Lagebeschreibung erhielt Sandro über seinen Sprachmittler die Auskunft: Zwar könnten noch Karten für international calls in den Häuschen erworben werden, dies sei aber

eigentlich nicht beabsichtigt, da sie nicht mehr funktionieren würden.
Mittlerweile waren seit dem ersten Betreten jener Telefonzelle 20 Minuten verstrichen, der Anruf erschien Sandro nun doch nicht mehr so bedeutend. Der Japaner aber erfuhr von der angerufenen Gesellschaft, spezielle Karten könnte man in einem convenience store kaufen, mit diesen wäre das Führen von Auslandsgesprächen möglich. Also nahm er Sandro quasi an der Hand und führte ihn zum nächstgelegenen store, der allerdings fünf Gehminuten entfernt lag. Währenddessen meinte der wohlwollende Japaner, er könne die 1.000 Yen-Karte sicher einmal brauchen und kaufte sie Sandro ab. Im convenience store angekommen, stellte sich heraus, dass gerade dieser store keine Telefonkarten mehr verkaufte, dafür aber ein anderer, der ganz in der Nähe lag. Ohne zu zögern, führte der japanische Begleiter Sandro zu dem Geschäft, was allerdings weitere 15 Minuten in Anspruch nahm. Mittlerweile kämpfte Sandro mit dem Wunsch, dem Helfenden mitzuteilen, das Telefongespräch rechtfertige diesen Aufwand bei weitem nicht. Andererseits hatte dieser bereits ein solches Engagement an den Tag gelegt, dass ein Abhalten von dem verfolgten Ziel nun zu spät erfolgt wäre, um noch als höflich bezeichnet werden zu können. Tatsächlich verfügte das Geschäft über die Karten. Es handelte sich hierbei um solche, bei denen man erst einen Streifen wegrubbeln musste, um den Zugangscode freizulegen. Sandro führte dies aus, doch waren Aufregung wie Anspannung mittlerweile so angewachsen, dass er gleich einen Teil der Zahlen mit wegkratzte. Nichtsdestotrotz nahm der Japaner die Karte in die Hand und ging mit ihm zu der Telefonzelle zurück. Diese war besetzt. Gemeinsam suchten sie die nächste Telefonzelle auf, was wiederum eine kleine Ewigkeit in Anspruch nahm. Der Begleiter wählte so gut er den Zugangscode erkennen konnte, allerdings ohne Erfolg.
Er rief wieder bei der Telefongesellschaft an und schilderte die neue Situation. Da erfuhr er: Der durch das Kratzen zerstörte Teil der Zahlenkombination war eigentlich unerheblich. Eineinhalb Stunden, nachdem Sandro die erste Telefonzelle betreten hatte, waren er wie sein neuer Bekannter guter Dinge. Sie wählten den

Teil des Zugangscodes, auf den es ankam, sowie die Nummer in Deutschland.
Der Erfolg blieb ihnen versagt. Eine Telefonverbindung wurde nicht aufgebaut. Nun war – man mag es kaum glauben – auch die Schmerzgrenze des Japaners erreicht. Er entschuldigte sich vielmals für den Misserfolg und wünschte Sandro einen schönen Tag. Das Telefongespräch wurde nicht mehr geführt.

59. Jedem Anfang...

03/10/2003
12.59 Uhr MEZ

Jedem Anfang wohnt ein Zauber inne, schreibt Hermann Hesse. Transferiert auf meine Zeit in Japan, könnte ich den Satz unterschreiben. Bis in die letzten Tage hinein erstreckte sich der Zauber in Form von neuen Überraschungen, die Nippon für mich bereit hielt.

Am Donnerstag, den 02.10.2003, genau 14 Wochen nach meiner Ankunft, trete ich die Heimreise an. Eine solche stellt ein Vorhaben dar, welches ein gewisses Problem- und Stresspotenzial in sich birgt. Allerdings kommen auch hier wieder japanische Eigenarten zum Tragen, die dem Aufenthalt nicht den Zauber rauben. Die Wohnungsabnahme im Takanawahaus verläuft unproblematisch und schnell. An der U-Bahnstation Sengakuji wartet Katsu, um mich zum Flughafen zu bringen. Er hat sich einen Tag Urlaub genommen und seinen vermutlich besten Anzug ausgekramt. Er lässt es sich nicht nehmen, eine Tasche zu tragen und betrachtet es als Ehre, mich nach Narita begleiten zu dürfen, obwohl Hin- und Rückfahrt weder günstig noch kurz sind. Am Flughafen eskortiert er mich, weist an jeder Kontrollstation das Personal darauf hin, dass ich von der Deutschen Botschaft sei. Weder die sieben Kilogramm Übergewicht meines Gepäcks noch mein umfangreiches Handgepäck in Gestalt des Kleidersacks, in dem meine Anzüge verstaut sind, werden moniert. Hinzu kommt, dass er – natürlich – noch Abschiedsgeschenke mitgebracht hat.

Dieser letzte Eindruck fügt sich in das bisher gewonnene Bild der Freundlichkeit: Ich denke etwa an die Verkäufer, die sich bei Betreten des Ladens durch den Kunden alleine für das Eintreten bedanken oder an die Japaner, die sich, nach dem Weg befragt, aufmachen und den Suchenden an das Ziel begleiten. Die Freundlichkeit der Japaner wirkt dabei weder anbiedernd noch einmischend: Wünscht man die Distanz, so genügt ein kleines Signal, welches sie sofort verstehen.

An dieser Stelle fallen mir zwei Aussagen von Personen ein, die schon seit Jahren hier leben. M.-C. antwortete mir einmal auf die Frage, was sie als charakteristisch für Japan bezeichnen würde: „Die Leute nehmen sich hier nicht so ernst. Sie wissen, dass man nur einer von vielen ist.“ Und ein anderer Deutscher brachte es kurz auf den Punkt: „Das Leben hier ist sehr angenehm.“
Man wird als gewöhnlicher Mitteleuropäer in Japan nicht mit unzähligen Japanern enge Freundschaften schließen, die von tiefem Verständnis geprägt sind – allerdings ist das auch nicht eine zwingende Voraussetzung, um sich an einem Ort wohl zu fühlen.

Nach 13 Stunden Flug lande ich in Frankfurt. Mein erster Eindruck: Ich kann wieder alle Schilder lesen und fast jeden verstehen. Den Sonderstatus des gaijin habe ich verloren. Am Flughafen möchte ich eine Toilette betreten. Beim Öffnen der Tür kommt mir ein Landsmann entgegen. In dieser Situation würden sich in Japan die Entgegenkommenden mit einem Lächeln kurz verbeugen sowie entschuldigen.
Meinem „Sorry!“ und meinem Lächeln begegnet der Herr mit einem starren Gesichtsausdruck. An der Passkontrolle stauen sich die Ankömmlinge. Vor mir steht ein Reisender, der sich – kurz bevor er zum Schalter läuft – für einen Augenblick umdreht. „Weiter!“ brüllt ein Deutschsprachiger von hinten. Lautstärke wie Aggressivität sind für mich kaum nachvollziehbar. Ob das an der Situation liegt, vermutlich alle in der Schlange haben einen langen Flug hinter sich, oder ob sich das in den nächsten Tagen wiederholen wird – we will see. Mit dem Flughafenpersonal, das mir über den Weg läuft, spreche ich noch englisch; ich habe noch nicht verinnerlicht, dass so viele Menschen deutsch verstehen.

Deutschland wohnt ein eigener, versteckter Zauber inne.